小博士学
人工智能与编程

陶霖密　陶晃昱◎著

清华大学出版社
北京

内 容 简 介

从小开始学习人工智能，是我们这两代人的共同任务。教育部颁发的《普通高中信息技术课程标准》明确提出"通过搭建简单的人工智能应用模块，亲历设计与实现简单智能系统的基本过程与方法"，要求学生从一开始就要在注重智能概念和理论学习的同时，通过智能算法的编程实现来培养自己的动手能力，为以后的学习奠定坚实的基础。

本书将智能、交互、编程三者结合，融入智能、交互的概念与方法，通过设计与实现游戏、解题、下棋等智能应用实例，学习概念、算法、编程，并培养动手能力。本书分为5个单元。第1、2单元为编程入门和编程进阶，从零开始学习编程，包括编程基础及代码实现方法，通过多个实例介绍现代基于对象的编程方法。第3单元介绍人机交互，讲授人机交互的概念，包括交互方法与交互设计，通过游戏开发实例，把交互概念融入交互方法的编程实现中，在生动有趣的游戏编程实践中学习人机交互，积累编程经验和技巧。第4、5单元为人工智能和智能算法，从多个角度、用多个实例说明人工智能从模仿人的智能活动到局域地超越人类智能的思想，并通过流程图、算法和编程实现让读者亲自体验用算法和程序超越自己的智能的快乐！

本书将智能、交互、编程落到具体的人工智能学习与编程实践中，使得三者密不可分，互相促进。本书作者亲自编写了所有的代码，提供了详细的算法说明与算法流程图。

本书适用于所有喜欢人工智能的中小学生，无须具有编程基础。

图书在版编目（CIP）数据

小博士学人工智能与编程 / 陶霖密，陶晃昱著 . —北京：清华大学出版社，2021.8
ISBN 978-7-302-58353-0

Ⅰ. ①小… Ⅱ. ①陶… ②陶… Ⅲ. ①人工智能 – 中小学 – 教材 ②软件工具 – 程序设计 – 中小学 – 教材
Ⅳ . ① G634.671

中国版本图书馆 CIP 数据核字（2021）第 114161 号

责任编辑：白立军　战晓雷
封面设计：杨玉兰
责任校对：焦丽丽
责任印制：宋　林
出版发行：清华大学出版社
　　　　　网　　　址：http://www.tup.com.cn, http://www.wqbook.com
　　　　　地　　　址：北京清华大学学研大厦 A 座　　　　　邮　　编：100084
　　　　　社 总 机：010–62770175　　　　　邮　　购：010–83470235
　　　　　投稿与读者服务：010–62776969, c-service@tup.tsinghua.edu.cn
　　　　　质量反馈：010–62772015, zhiliang@tup.tsinghua.edu.cn
印 装 者：三河市龙大印装有限公司
经　　销：全国新华书店
开　　本：185mm×230mm　　　印　张：13.5　　　字　　数：190 千字
版　　次：2021 年 10 月第 1 版　　　印　　次：2021 年 10 月第 1 次印刷
定　　价：69.80 元

产品编号：078250–01

序 一

　　乘新时期国家人工智能和教育发展战略的强劲东风，在落实国务院教育部有关"在中小学阶段设置人工智能相关课程""逐步推广编程教育"等明确要求的新形势下，由陶霖密、陶晃昱父女二人合著的本书问世。父亲和女儿作为共同作者，联合完成本书的编写，充分发挥两人各自的优势和特点，使得本书更具特色，令人耳目一新，为当前人工智能普及教育的学习热潮又增添了一朵绚丽的浪花。

1. 寓教于乐，非常适合少儿阅读和学习

　　本书从学习者的角度讲述学习的内容，特别是由陶晃昱的编程日记改写而成的前两单元，语言生动活泼，具有鲜明的儿童读物风格和特点，算法流程图和各种插图交相辉映，代码与文字巧妙配合，彼此烘托。叙述中不乏类似故事讲述、历经波折和游戏通关后的成功喜悦，令人读来兴趣盎然，对于激发少儿的阅读兴趣和学习热情很有帮助。

2. 融会贯通，将编程、交互与智能算法三者紧密结合

　　目前一些面向少儿的编程教材更多地局限于编程语句的学习与实现，而讲述交互和算法的教材中又很难顾及编程零基础的入门者，一些抽象概念和专业术语的罗列会令初学者望而却步。本书的第一作者陶霖密为清华大学计算机系人机交互与媒体集成研究所的教师，他二十余年的教学积累和研究领域与编程、交互和智能算法三者密切相关，因此可以得心应手地将这三者融会贯通地介绍给读者。本书面向零基础的初学者，从 Scratch 语言编程开始便与游戏算法紧密结合，

将交互的概念和设计融入游戏编程的学习过程；同时在进行算法介绍时，通过交互设计引出智能算法的性能和实际应用，并引导读者亲历设计过程与编程实现。

3. 新颖尝试，为家长帮助孩子学习提供了一种高效模式和途径

家长和孩子通过教与学的过程，交流切磋，共同提高，并通过文字写作的方式呈现给读者，这对家长和孩子都是一个新的挑战，对于孩子的学习和成长也无疑是一种有益的尝试。本书不仅拓展了编程和人工智能普及教育的课外教材类型，更为家庭教育提供了不可多得的优秀范本。

父母是孩子的第一任老师。家教是教育孩子的第一个平台。这已成为教育界和众多家长的共识。家长往往会有这样的感受：明明都是从同一起跑线起步，但在人生的赛道上，孩子之间的差距却越拉越大。究其原因，我们不得不承认，父母和家庭的教育有时可以起到决定性的作用。

孩子从幼年到初中这一时期是最容易学习新东西、接受新事物的。在这个年龄段，父母只要稍加指引，就能为孩子的一生定下基调，打好基础。子女的未来，蕴涵在父母日常的点滴作为中。而父母对子女教育的态度和投入，也必将最终决定孩子的人生走向。

必须承认，有些孩子天生好学或具有某些天赋，但孩子的学习兴趣并不都是天生的。一个孩子学习兴趣的萌发与激发、学习习惯与能力的形成与培养，其背后的家庭教育和影响至关重要。帮助孩子尽早发现自己的优势与特长，并不失时机地加以呵护培育，是孩子将来走向成功、通往卓越的关键。

从另一角度讲，我们正身处信息技术日新月异的新时代，身为父母也要不断学习，才能跟上飞速发展的时代步伐。本书介绍的智能算法与交互技术等内容，即便是理工科专业背景的家长可能也涉及不多。因此，父母也确实需要不断地充实和提升，才能更好地陪伴孩子成长。

在孩子成长的关键阶段能够提供直接指导的父母无疑才是更优秀的。努力成为孩子前进道路上的领路人，和孩子一起成长，做更为称职的父母！

我想这也是本书父女作者的特殊身份呈现给广大读者的另一重要启示。

王　宏

清华大学计算机科学与技术系教师

中国计算机学会（CCF）理事

CCF 全国信息学奥林匹克（NOI）科学委员会主席

序 二

非常荣幸得到陶霖密老师的邀请，使我能够分享一些编程和算法的故事。

故事从对编程的感性认识说起。跟现实世界里的很多事物一样，今天的编程爱好者大多习惯从理性一面认识编程，而可能缺失了对它感性一面的接触。本质上编程也属于人对于工具的使用，这里用骑自行车举例。自行车是代步的工具，骑车者通过一定的骑车技能拥有比跑步更高效的位移能力。编程非常类似，计算机和编程语言提供功能环境和计算能力，编程者通过编写程序来应用人力不可及的计算能力和展示效果。在某种程度上，编程也是近代以来人类使用工具的经典案例之一。

上面说到骑自行车比跑步更高效，进而提到通过编程应用比人脑计算更高效的算力。但究竟机器比人脑快多少呢？随着计算单元的发展，个人计算机的计算单元一般能够做到每秒十亿次常规计算（即 10^9 个）。十亿确实是巨大的数字，但也不是无限的。也正是因为计算机拥有巨大但有限的算力，使得不同的计算方法开始有了明显的差别，甚至出现了很多不能通过计算解决的问题，算法的概念也由此而生。沿用上面的例子，除了自行车本身影响车速之外，骑车者自身的肌肉、心肺功能也是关键因素。

算法的发展超过了半个世纪，严格地讲，其发展速度超过计算单元的进步速度，基本上每过几个月就会有全新的实用算法出现，或者说"解锁"某些新问题。在数学上，算法的发展其实是直观逻辑。用

食谱作为例子，食谱的目的是教人料理食物。食谱不仅证实某些食物的存在，并且包括料理配方、步骤、技巧等信息。这样才能供人参考，并应用在日常饮食方面。因此，算法其实是对编程的升华，从而"解锁"更多新的问题。

编程和算法发展到今天，早已不局限在数学领域和应用方面。学习编程和算法的最大收获应该说是个人综合能力的提升。一个成功的编程过程通常需要很好地将理论与实践相结合。除了缜密的逻辑思维，还需要对实际问题的透彻分析，以及应对各种挑战的能力。回顾近 15 年的算法学习经历，我最大的收获其实是学习能力、执行力、理解力、分析问题能力的提升，相信这些都是今后长期发展的基石。通过本书的学习，也能提升读者的这些能力。

近几年很高兴看到更多的新朋友加入到编程和算法的大家庭里来。希望在编程之路上，参与者能够和这个群体一起成长，从而终身受益。

楼天城

2021 年 4 月

自　序
清华附小的故事

编程是我们从四年级开始上的一门课。我从一开始就很喜欢这门课，只是可惜课时少，两周才上一次。尽管如此，这依然是我第二喜欢的课！我猜大家肯定知道我最喜欢的课是什么，当然是"下课"！

编程课在微格教室上，三四个人一组。微格教室是用来录课的教室，里面有七八个摄像头、一台摄像机，还有地毯！有没有 6666 的感觉呢？但这还是跟普通教室差不了多少，在这里上课只是因为从信息室搬电脑比较方便。老师特地选了两个高、大、胖的男同学当课代表，专门负责搬电脑。心疼他们一秒钟……

我们组 4 个人，我（陶子）、不宝宝、臻子和白骨精。我是班里的女神 2 号，视频制作小达人，拉拉队副队长；不宝宝是三好生，校女足前锋；臻子是校女足后卫，优秀少先队员；白骨精是女神 1 号，美术课代表。我们 4 个都是七仙女之一，而且是好朋友，老师一说自由分组，我们就自动找到一起了。其余的 3 个仙女，一个老闹事，一个爱搞恶作剧，还有一个太烦了。

在组里，我负责编程，不宝宝负责编辑语言，臻子负责选背景，白骨精负责画人物。多亏了不宝宝，我们组每个程序说的第一句话都是："Hello，你怎么来了？"而说这句话的人物正是白骨精用电脑给不宝宝拍的大头照！然后，臻子会根据不宝宝大头照的搞怪程度选背景。她喜欢选跟鬼有关的画面，比如 night city 或 woods。

每节课老师会先把她做好的游戏给我们看一遍，再简单地讲一讲这个程序大概的原理。好了，我上场了，在那三个小仙女的基础上开

始编程了!

　　我会编很多各种各样的程序，从简单到复杂，从搞笑到无聊。最简单的是让角色移动，最搞笑的是让角色说出不宝宝的金句——"Hello，你怎么来了？"最复杂的是猜数游戏，最无聊的是给三角形量角度。

　　让角色说话有两种方法。我们一般会像这样在角色上写出来(图1)，但让不宝宝亲自说了录下来会更好玩！不过，角色在黑暗的、寂静的街头，边走边说"Hello，你怎么来了？"是不是蛮拼的呀？

图1　这个小猫角色是 Scratch 的吉祥物，背景是臻子经常用的 night city

　　当然，你可千万不能像这只小猫一样，真的在晚上独自一人上街哦，很恐怖的（图2），应该说："Aha，我怎么晚上出来了？"你妈妈也会担心死的。

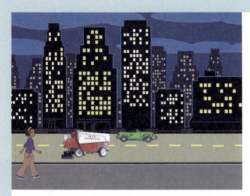

图2 小朋友可不能在晚上独自一人上街哦，很恐怖的

　　再秀一个我的作品吧（图3），从头到尾都是我自己一个人做的哦！我刚去过迪士尼乐园，很喜欢在漂亮的舞台上跳舞的小朋友。回家后，我也用 Scratch 做了一个在漂亮的舞台上跳舞的小朋友。你知道舞蹈的音乐是什么吗？是《欢乐颂》！这个旋律是我用代码一个音符一个音符地输入的，这样小朋友就会合着音乐的节拍跳舞，酷吧？

　　猜数游戏、三角形量角度我就不再秀了，反正也不怎么好玩。Scratch 编程就是这样一边玩一边学。多学编程方法和原理，慢慢地就既能编出好玩的游戏，又能编出数学解题程序来帮助学习。

图 3 在漂亮的舞台上随着《欢乐颂》起舞的小朋友

你恨不得马上就开始编程了吧？准备好，这就要开始了哦。

陶晃昱

于清华园

2021 年 3 月

前　言

　　2017 年 7 月，国务院印发了《新一代人工智能发展规划》，要求在中小学阶段设置"人工智能"课程，随后教育部于 2017 年底颁发了《普通高中信息技术课程标准》（以下简称新课标）。《新课标》将"人工智能初步"列入普通高中的选择性必修模块，并在课程内容中明确要求"通过搭建简单的人工智能应用模块，亲身设计与实现简单智能系统的基本过程与方法""并能根据实际需要配置适当的环境、参数及自然交互方式等"，为普通高中的"人工智能"课程设置和开发指明了方向。

　　《新课标》对"人工智能"课程提出了很高的要求，学生既要学习人工智能基本知识、自然人机交互方法、人工智能算法等方面的内容，又要"亲身设计与实现"。然而，我在和海淀知名高中的"信息技术"课程教师讨论人工智能时，他们都一再强调"我们的学生只有极少或没有编程基础"。这就是中学"人工智能"课程所面临的两难情况：没有编程基础，则没办法实现算法；而先学编程基础，则没时间学习算法。

　　我自己的教学体会是：在学习人工智能过程中，智能算法实现是必不可少的一环，因此我也能体会到《新课标》的撰写和审定专家的良苦用心，强调"亲身设计与实现"，使得中学生从一开始就在学习人工智能的概念和理论的同时，通过智能算法的编程实现来加深和巩固所学的知识，为以后的发展奠定坚实的基础。

　　一般而言，智能算法的实现并不需要高深的编程知识和技巧。本书将编程、交互、算法三者结合，在学习编程时，通过游戏编程引入交互的概念和设计；在学习算法时，通过交互设计讨论智能算法的性能和实际应用。

　　本书共分 5 个单元。前两个单元为编程入门和编程进阶，从零基础开始学习编程，包括编程环境的创建及代码的编写、编程基础及代码实现方法，并通过多个实例重点介绍了现代基于对象的编程概念。同时，这两个单元还介绍了简单的人机交互概念，为后续单元的学习打下基础。第3单元为人机交互，讲授自然人机交互的概念，包括交互规划、交互计算、交互方法、交互规则、交互设计和双人交互。该单元通过单人游戏到双人游戏的开发实例，把这些自然人机交互的概念融入交互方法的编程实现，在生动有趣的游戏编程实践中既学习了人机交互，又积累了编程经验。第4、5单元为人工智能和智能算法，深入介绍了人工智能的概念和算法实现方法，通过算法编程实践而理解智能算法，并通过算法的编程实现加强编程能力。考虑到编程入门时容易出错，本书提供了详细的算法说明、算法流程图和代码实现。本书作者编写了所有的代码，并给出了编程过程中要注意的各种问题，在配套电子资源中提供了所有的源代码。

我们将《新课标》提出的编程、交互、智能的概念落实到具体的人工智能学习实践中，使得三者密不可分，互相促进。需要特别强调的是，本书从多角度、用多个实例说明了人工智能从模仿人的智能活动到局域地超越人类智能的思想，并通过流程图、算法和编程实现让读者亲身体验自己的算法和程序超越人类智能的快乐！这些切切实实的学习和实践打破了关于人工智能能否超越人类的迷思，使得读者从小就建立关于人工智能的正确观念。

陶晃昱设计了第1、2单元的游戏，编写了代码，参与了第3单元代码的编写和游戏的设计；陶霖密编写了第3～5单元的代码。本书的第1、2单元由陶晃昱的《编程日记》改写而成，陶霖密撰写了第3～5单元，并对全书进行了统稿。

本书适合所有喜欢人工智能的小学生和中学生，无需编程基础。《劝学篇》说："不积跬步，无以至千里；不积小流，无以成江海。"面向人工智能的浩瀚大海，我们起步了！

陶霖密
于清华园
2021 年 3 月

目　录

第 1 单元
编 程 入 门

1.1　什么是编程

　　大家都听说过"计算机编程"这个词，好像很神秘、很高深的样子。程序员，就是编程的人，也是令人向往的一个高科技职业。但是，程序员们却自嘲为"码农""程序猿"，等等。这些绰号的真正意思是与众不同——反正，我是"猿"（图 1.1.1），与一众"人"等可不一样。

图 1.1.1　小小"程序猿"

　　我编程，就一个字，"酷"；两个字，"我酷"；三个字，"我真酷"；四个字呢？就是"COOL"！

　　啊哈，谁说字母不是字的？！

1.1.1　计算机语言

那么，到底什么是计算机语言？什么是编程？

这得要从"语言"说起。大家知道，语言是人和人之间交流和沟通的工具、桥梁。比如，我们用汉语，而英国人、美国人日常使用的语言是英语，人类语言还有法语、德语、意大利语等，世界上有许许多多种语言。如果你要和一个德国人说话、交流，要么你学会德语，要么德国人学会汉语，这样才能相互交流，否则就只能尴尬地相视而笑。

同样，如果你想要和计算机交流，要么你学会计算机语言，要么计算机学会汉语。因此，计算机语言实际上就是计算机能够理解的语言。如果你学会了计算机语言，那么就能够让计算机听从你的命令，根据你的要求干活。

你肯定会说，那就让计算机学会汉语好了，这样我就不用学编程了！事实上，计算机一直在学汉语，而且近几年来进步很大。比如，你的手机（它就是一个小小的计算机）就能听懂你说话，如果你手机里有爸爸妈妈的电话号码，跟手机说"给爸爸打个电话""打电话给妈妈"等，手机都能够理解，把电话拨出去。

遗憾的是，尽管计算机一直在学汉语，但你也依然需要学计算机语言。这就像很多老外在学汉语，你也在学英语一样，互不影响。而且，随着交通工具的发展，国际交流日益频繁，你就更要学好外语。随着计算机技术的发展，你的日常生活越来越离不开计算机、机器人，就越来越需要和计算机进行交流，学好、掌握计算机语言也就变得越来越重要。

那么，计算机语言好学吗？答案是又好学又不好学！计算机语言有很多种，早期的计算机语言是计算机很好懂，而人却很难懂、很难掌握的语言。比如汇编语言就是很不好学的一种计算机语言，所以很多年前掌握汇编语言的人都是牛人。后来大家都觉得汇编语言太难学了，就发展出 C 语言，人好理解了，可计算机理解不了。那怎么办？人们在 C 语言和计算机能够理解的语言之间加一个翻译程序，把人好理解的 C 语言写的程序翻译成计算机能够理解和执行的指令，计算机执行后输出结果。这样，C 语言和计算机指令之间就多了"翻译程序"，称为编译器。大家都知道 C 是什么词的第一个字母？对了，是 Computer！所以，C 语言就是 Computer 语言。

后来，大家觉得 C 语言还是太难学了，写的程序一不小心就出错。计算机科学家就在 C 语言的基础上发展出了 C++ 语言，意思就是比 C 语言前进了两步，好用多了。搞笑的是，居然有人觉得 C 后面两个加号（前进两步）也不够，得继续前进。于是发展出了 C++++ 语言！这样写有点不好看，把 4 个加号摞起来会更好一些。大家知道 4 个加号摞起来后变成了什么？对，是英文符号 #，这就是 C# 语言。符号 # 在英语里有多个含义，对应多个发音。在计算机里，符号 # 的发音是 sharp，C# 的发音是 C sharp。由于 # 很像汉语里的"井"字，所以也有人把 C# 读成"C 井"。要是在 C++ 的基础上只增加一个加号的话，就会有"C 卉"语言了！

计算机语言（又称为编程语言）非常多，语言的名字也五花八门，比如简单易学的 BASIC 语言，由它进化而来的有 Visual Basic 语言，还有 Java、JavaScript、Python 等很多语言。总的趋势是编程工具越来越智能，编程也变得越来越简单。大家各取所需，觉得哪个语言好用，就用哪个语言。所有这些计算机语言都促进了人和计算机的交流，使得计算机变得越来越聪明、越来越有用。

1.1.2　Scratch 语言

美国麻省理工学院的一些计算机科学家发现，这些计算机语言都是为大人设计的，小朋友学起来依然不容易，也不好玩。他们就专门为小朋友开发了一个简单易学、非常好玩而且可以边学边玩的计算机语言，叫 Scratch 语言。Scratch 在英语里就是"开始，第一步"的意思，有个成语叫 start from scratch，它的含义是"从第一笔开始"，中文的含义是"从头开始"。这就是我们现在要开始学的计算机语言！

1.1.3　编程与程序

我们平常用汉语、英语写作文；用计算机语言写的"作文"称为代码或者程序。写程序的过程就叫作编程。所以，学编程就是要学习如何用计算机语言写程序。计算机能够理解程序，并且会根据程序执行相应的指令，实现人工智能算法。

Scrath 语言开发出来以后，很多国家的小朋友都开始学编程，大家都觉得编税很好玩，进步很大。清华大学附属小学也为高年级的学生开设了 Scratch 编程课。

1.2　编程环境

要学习 Scratch 语言编程，首先要有一台计算机。当然了，这个我不说你也知道。学习 Scratch 语言编程，一般的台式计算机或笔记本计算机都可以，但是大部分的平板计算机、手机都不行。这个你不知道了吧？！

有了计算机以后，还需要创建编程环境，用来编写代码、运行代码、显示代码运行的结果等。Scratch 语言的编程环境有两种：一种是在线的编程环境，用浏览器打开即可；另一种是离线的编程环境，需要下载并安装。在这两种编程环境中，我们一般使用在线的编程环境，可以将编程时写好的代码直接存储在云上分享给大家。但是，打开 scratch-cn 的网页非常慢，需要等很久。离线的编程环境就没有这个问题，在计算机里打开就直接能用，没有网络的时候依然可以学编程，写代码。只是要记得，写代码时要边写边保存。最后，在要跟大家分享时将代码传到云上。

我们先学习在线的编程环境。打开浏览器，就是上网时使用的软件。你平时用什么软件上网，现在就用什么软件。

现在就去 scratch-cn 网站：

https://www.scratch-cn.cn/

进入 scratch-cn 网站后，用鼠标单击图 1.2.1 中的"新人注册"按钮，开始注册。只要简单的 4 步，就可以注册成功。但是，需要你爸爸妈妈的电子邮箱来确认，也就是说你玩 Scratch 需要你爸爸妈妈说 Yes 哦。

当然，学 Scratch 编程，你爸爸妈妈肯定会说 Yes 的！

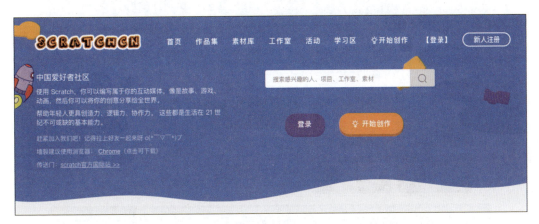

图 1.2.1　在 scratch-cn 网站首页单击"新人注册"按钮

现在注册好了。努力学习，成绩好的话，会被邀请成为 Scratch 会员，这些人被称为 Scratcher！

还有一步最重要：注册好用户名后，在计算机里、手机上、常用的笔记本上写下 scratch-cn 的用户名和密码！

scratch-cn 网站打开时比较慢，我们有时也可能没有网络——那就再装一个离线编程环境，不用网络也随时可以学习。在 scratch-cn 网站上可以找到下载链接（图 1.2.2），单击链接打开是一个百度网盘：

https://pan.baidu.com/s/1nPM4BeoBJjfl0zixDQ6y2w

提取码是 f237。

图 1.2.2　在 scratch-cn 网站下载离线编辑软件

你要根据自己计算机的操作系统下载相应的 Scratch 离线软件。下载好以后，记得要安装 Scratch 软件哦。

安装好 Scratch 软件以后，打开 Scratchcn，就可以看到标准的 Scratch 编程界面（图 1.2.3）。你会发现在线编程环境和离线编程环境看上去是完全一样的，一般来说，用哪一个都可以。但是在线编程环境有一些非常好的功能，比如自动存储、工作室等，如果网速还可以，直接用网页编辑是非常好的。无论如何，两种编程环境都有保存到计算机和从计算机上传的功能，写好的代码可以在计算机和网站上各存一份。

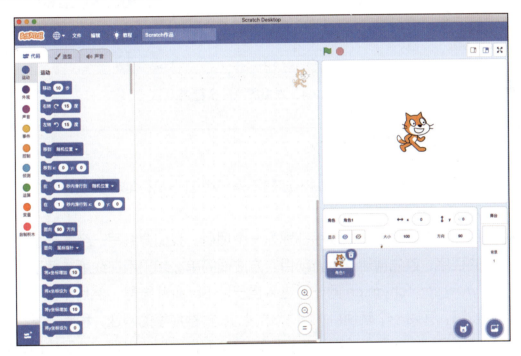

图 1.2.3　Scratch 编程界面

这里特别提醒一下，离线编程软件没有自动存储的功能，关闭软件时也不提醒保存代码，所以，大家一定要记得养成好习惯——随时用"保存到计算机"的功能保存正在写的代码，这样即使出意外，损失也不是很大。

我们要学的第一个程序如图 1.2.4 所示,好玩吗？那我们现在就开始编程啦！

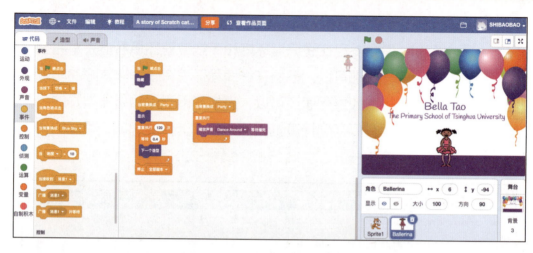

图 1.2.4　本书的第一个程序

1.3　创建一个新项目

在你爸爸妈妈点头说 Yes 后，你是不是已经迫不及待地想要设计一个你自己的游戏了？我们开始吧！

在编程语言里，每一个程序都称为一个项目。我们要编写一个关于小猫咪的故事的程序。首先创建一个新项目。方法很简单，如果用在线版本编程，就先登录 www.scratch-cn.cn 网站，进入自己的 Scratch 账号，然后单击"开始创作"按钮，开始一个新项目（图 1.3.1 上）。根据你家的网速，稍等一下，屏幕会自动切换到编程界面（图 1.3.1 下）。这个编程界面的出现，表示我们成功地创建了第一个编程项目。这个项目的名称"Scratch 作品"是软件自动命名的，你可以自己给你的第一个项目起个名字，就这么简单！

如果用离线版本编辑，就在自己的计算机里打开 Scratch 程序，选择"文件"菜单里的"新作品"命令，建立一个新项目（图 1.3.1 下），程序就会自动切换到编程界面。

图 1.3.1　登录 scratch-cn，并创建新项目

1.3.1　集成编程环境

　　Scratch 编程界面是集成编程环境，是 Scratch 语言的重要组成部分。这个设计使得我们能够"所见即所得"，也就是说，在编程时既能看到我们写的代码，又能看到程序运行的结果。集成编程环境为我们学习编程创造了非常好的条件。

　　Scratch 集成编程环境可以分成 6 个区域（图 1.3.2）。1 号区域是程序结果显示区，你编号的程序的运行结果在这里显示。当前显示的是一只 Scratch 吉祥猫，是创建的新项目自带的吉祥物，是我们学习编程时第一个出场的角色。

2 号区域是背景区，用来创建和修改背景。我们的第一个项目还没有做背景，显示的是一个白底。3 号区域是角色区，用来显示程序里的角色，目前只有一只 Scratch 吉祥猫。4 号、5 号和 6 号区域都是编程区，4 号区域显示编程用的程序指令组，5 号区域显示程序指令组里的指令列表，6 号区域显示当前角色的程序。大家注意看，6 号区域的右上角有一只吉祥猫，表示当前显示的程序是关于吉祥猫这个角色的程序。以后编程的时候会有好多个角色，而每一个角色都有一段指挥其运动的程序。

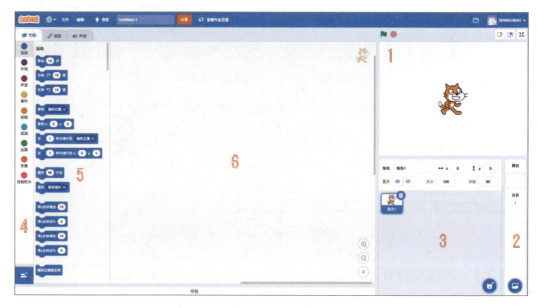

图 1.3.2　Scratch 集成编程环境

1.3.2　造型与声音

角色是 Scratch 编程最大的特点，没有之一！

我们编程的时候写的代码就是为了让这些角色动起来。因此，在写程序之前，我们先要编好一个故事，确定故事里有哪几个角色。然后，为这个故事写一个剧本。对，你没看错，我们确实要为自己编的故事里的角色写一个剧本。有了剧本以后，我们再编写程序来实现这个剧本，让角色动起来。因此，Scratch 的编程界面里除了编写代码的交互界面以外，还有造型编辑器和声音编辑器，用来编辑角色的造型和声音（图 1.3.3 左上）。

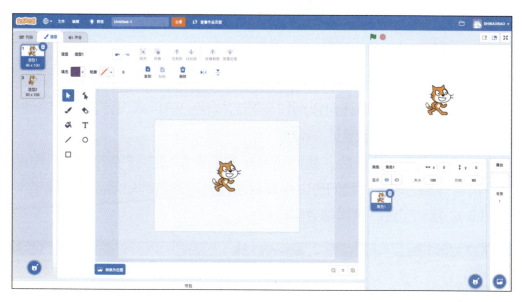

图 1.3.3　造型编辑器

造型编辑器实际上就是画图工具。我们刚开始学编程时候，程序自带的角色为 Scratch 吉祥猫，共有两个造型（图 1.3.3 左上角）。单击造型编辑器中的吉祥猫，你可以发现吉祥猫是由好几个部件组成的（图 1.3.4），蓝框下面的双向箭头用于调整猫头的旋转角度，蓝框上的点用于调整猫头的大小。这样，你就可以做出大头猫儿子和小头猫爸爸的效果，当然，前提是你写了一个关于大头猫儿子与小头猫爸爸的剧本。

还有一个重要的事情，就是调整这个吉祥猫的四爪的位置，使得这些动作连贯起来，吉祥猫看上去就动起来了。程序自带的吉祥猫造型 1 和造型 2 这两

图 1.3.4　编辑吉祥猫的头

个造型连续反复播放，看起来的效果就是吉祥猫跑起来了。我下面会写一段代码来实现吉祥猫跑步。你还可以通过调整吉祥猫的前爪来设计吉祥猫的动作，这样吉祥猫就既会动又会跑了。

　　编辑好吉祥猫的动作后，我们还要根据剧本编辑吉祥猫的声音。程序自带了一段吉祥猫的叫声，我们可以通过程序提供的声音编辑器简单地编辑声音（图 1.3.5）。我试了试，这样做效果不错：

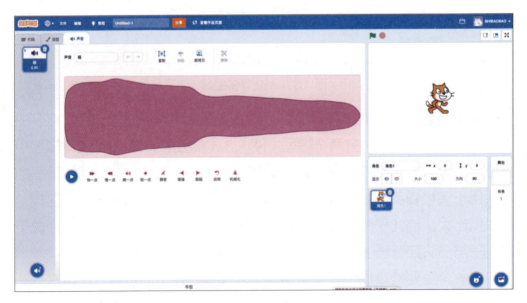

图 1.3.5　声音编辑器

（1）复制、粘贴声音。

（2）选择中间一段，让声音"轻一点"。

（3）选择最后一段，让声音"轻一点"，再"轻一点"。

　这样，这个声音听起来就是吉祥猫有点害怕的叫声，越来越轻（图 1.3.6）。

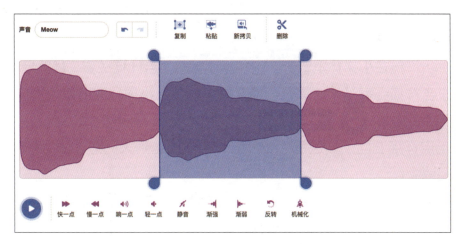

图 1.3.6　声音编辑

　总之，先要有故事和剧本，然后根据剧本选择需要的造型和声音，通过编写代码使得这些造型和声音以一定的顺序和速度呈现，就能使吉祥猫根据你编写的剧本来表演。

1.4　编故事，写代码

　学习编程应该说"编程序，写代码"，怎么成了"编故事，写代码"？这还真的有点意外！

　我们上面说过了，Scratch 的一大特色是通过编写代码让角色动起来。角色有多个造型，也有声音，可以说话。那么，让角色怎么动、做什么、说什么，这些事情都要在编写代码之前先确定，这就是"编故事，写代码"。

为了写第一个程序，我们就用 Scratch 自带的吉祥猫作为故事的主角吧。我们在 1.3.2 节已经说过了，吉祥猫有两个造型，来回切换这两个造型，就能产生吉祥猫走路的动作。这样，我们的第一个故事就是：

吉祥猫在小树林散步，然后回家，跟大家说再见后进门不见了。

当然，这是故事。我们要通过剧本来把故事变成程序可以实现的动画，可以分解成如下步骤：

（1）吉祥猫在小树林里散步。这包括两部分：吉祥猫散步，背景是小树林。

（2）吉祥猫到家了。这需要切换背景，就是把小树林的背景切换成大门的背景。

（3）吉祥猫进门了。这包括 3 部分：吉祥猫走到大门边，跟大家说再见，然后进门消失。

从这个例子我们可以看到，无论以后做什么，学好语文很重要！不成为好的剧本写手，怎么能成为好的游戏设计师？

1.4.1　角色与背景

这个剧本用到了两个背景：一个是小树林，另一个是大门。首先，握住你的鼠标，开始选背景：

（1）单击 2 号区域里的白方框。

（2）单击 2 号区域下面的蓝色圆圈"背景"（图 1.4.1）。

（3）在背景图库（图 1.4.2）里选择背景 Blue Sky，搞定！

现在你可以看到，2 号区域里的白背景变成了我们选择的小树林背景。当然，我们也可以对选择的背景进行编辑，还可以添加更多的背景。单击 Scratch 编程界面左上角的"背景"选择卡，我们就可以管理和编辑背景图片。根据故事剧本，我选择了两个背景，一个是小树林，另一个是古堡的大门，结果显示在"背景"选择卡的最左侧（图 1.4.3）。

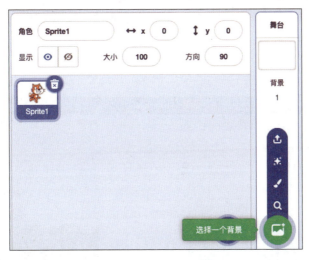

图 1.4.1　选择背景

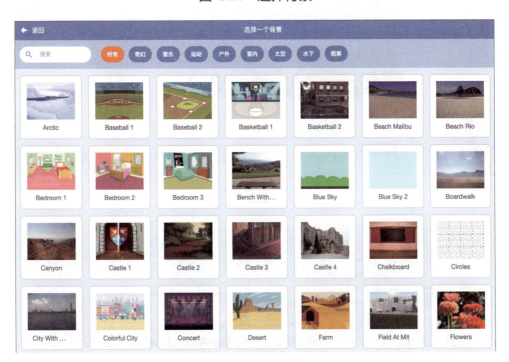

图 1.4.2　背景图库

在我们选择的小树林背景中，吉祥猫现在看上去还飘在天上（图 1.4.4 左），得让它落下来。你可以选中它，按住鼠标左键，简单粗暴地将它直接拖到地上来。对，就是这样！看，它站在地上了吧（图 1.4.4 右）！

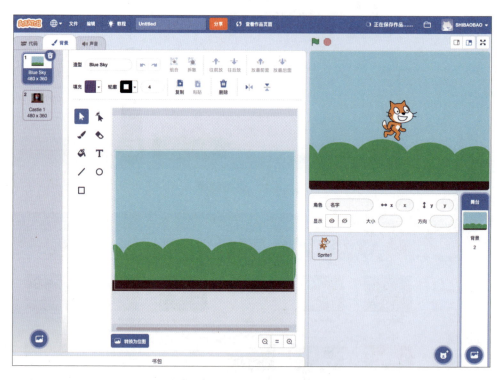

图 1.4.3　已选择的背景

图 1.4.4　飘在天上和站在地上的吉祥猫

1.4.2　写代码

现在就可以开始编写你的第一个程序了！

说是写代码，其实不是真的写，而是用 Scratch 提供的积木块来搭出我们的程序。这样就使得写代码变成了搭积木，赞！

我们要"搭"的第一个程序是让吉祥猫走起来！

我们故事的主角是 Scratch 吉祥猫，因此这里选择 3 号区域里的吉祥猫。我们前面说过这只吉祥猫有两个造型，名字分别为 costume1 和 costume2，程序通过切换造型来实现角色运动的动画。

要使吉祥猫从左边走到右边，我们先要确定吉祥猫的起点和终点的坐标。单击左上角"代码"选项卡下方的蓝色圆点"运动"，在其右边出现了许多关于运动的积木块。在其中的一块积木上，可以读到吉祥猫当前的位置坐标（图 1.4.5 上）。

吉祥猫是怎么走到终点的？你知道的，当然是按住鼠标左键不放，简单粗暴地把它拉过去就行了！读取终点坐标的方法也是一样的（图 1.4.5 下）。

现在都准备好了，吉祥猫要开始在小树林边上散步了。当然，吉祥猫开始散步之前，我们要先叫吉祥猫回到起点，这需要 3 行代码。

第一行代码表示游戏开始了，先在 4 号区域单击黄色的"事件"标签（图 1.4.6 的红色箭头），然后将绿色的小旗子积木块从 5 号区域拖到 6 号区域（图 1.4.6 的绿色箭头），就完成了第一行代码。这一行代码表示：单击绿色的小旗，程序就开始运行了。

第二行代码是选择角色吉祥猫的造型。还记得那两个造型的名字吗？对了，是 costume1 和 costume2。我们在程序开始的时候，让造型 costume1 先出场。方法是：先单击 4 号区域紫色的"外观"标签，然后将"换成 costume1 造型"这个积木块拖到绿色小旗子的下方（图 1.4.7 的黄色箭头），这样就完成了第二行程序。好玩吧？！就像搭积木一样，对齐放好就行。

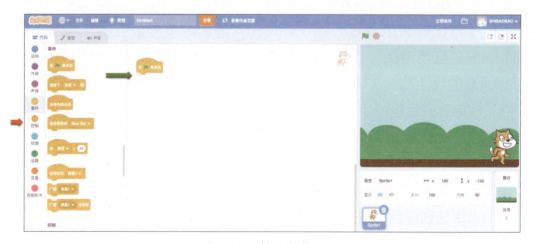

图 1.4.5　吉祥猫起点和终点的坐标

图 1.4.6　第一行代码

图 1.4.7　第二行代码

　　第三行代码是要让吉祥猫这个角色站到起点上！就是告诉吉祥猫，不管它在哪里，都立即回到起点。这要先知道吉祥猫起点的坐标，怎么办？方法是一样的：

　　（1）把吉祥猫直接拖到起点（图 1.4.8 的蓝色箭头），这时吉祥猫所在的位置坐标自动会传递到代码积木里。

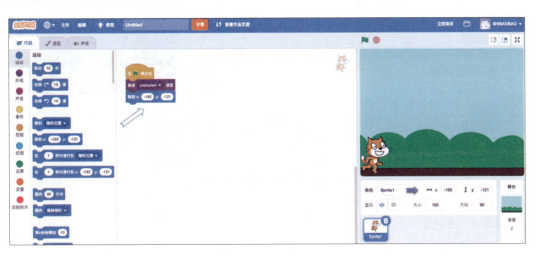

图 1.4.8　第三行代码

（2）单击 4 号区域里蓝色的"运动"标签，然后把"移到 x__ y__"这个积木块拖到第二行代码的下方,成为程序中的第三行代码（图 1.4.8 的蓝白色箭头）。

好了，就这样，我们有了一段 3 行代码的程序了！运行一下试试吧，先把吉祥猫拖到任何地方，然后，单击 1 号区域右上方的绿色小旗子。看，吉祥猫是否回到了起点？

对，编程就是这样简单，好玩吗？

1.5　纠错与循环

来到了起点，吉祥猫就要向前走了。不过，在让吉祥猫开始走路之前，我们还要处理一个非常重要的问题：如果在程序里写错了代码怎么办？比如多了一行"左转 15 度"（图 1.5.1），吉祥猫就在原地打转。这怎么办啊？

图 1.5.1　程序中多了一行

1.5.1　纠错

在编写代码的过程中，出错是难免的。纠错也很简单，就是哪儿来的回到哪儿去。把多余的那一行代码拖回去就行了（图 1.5.1 的橙色箭头）。可是，这样吉祥猫还是扭着身体啊。还得把"左转 15 度"或"右转 15 度"再拖回来。把吉祥猫转到正常位置后，才能把那一行多余的代码拖出程序。

　　这就是纠错，包括两步：第一步是清除错误代码；第二步是消除错误代码造成的影响。这样程序才能回到正确状态。

　　还记得吉祥猫走路终点的坐标吗？如果忘了，没关系，谁会记得那么多啊。把吉祥猫拖到终点看看就行了。

1.5.2　鼠标事件

　　现在我们增加两行代码（图 1.5.2）。第一行"当角色被点击"是说：单击吉祥猫，吉祥猫就开始走路。这行代码称为一个鼠标事件，意思是你用鼠标单击了角色，程序知道了你单击鼠标的动作，并作出响应。第二行是指定让吉祥猫多快走到终点。我写的是 5s，你可以试试 1s、5s、10s。时间越短，吉祥猫跑得越快。

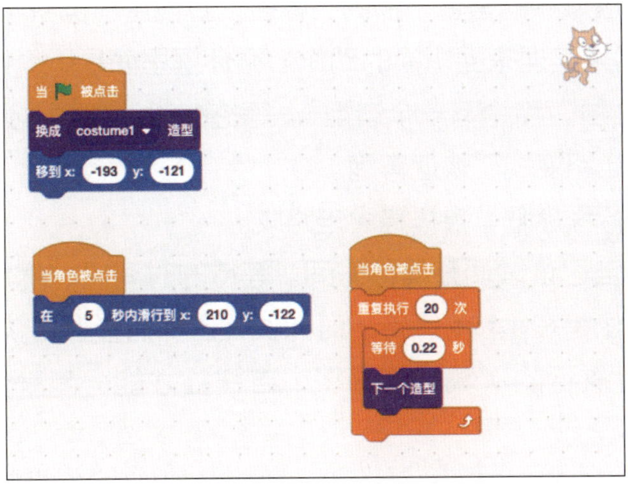

图 1.5.2　增加一段循环代码

现在运行程序吧。先单击绿色的小旗子，再单击吉祥猫，它走了没有？修改一下时间，再依次单击绿色的小旗子和吉祥猫，它走得更快了还是更慢了？

还有一个有趣的玩法：把吉祥猫拖到任意地方，稍等一下，吉祥猫就停住了；然后单击吉祥猫，这时发生了什么？

1.5.3　循环

吉祥猫这样移动真的有点难看，其实这还不能叫走路。走路是左脚右手，右脚左手这样交替地运动。要实现吉祥猫左右脚交替地走路，就用到 costume1 和 costume2 这两个造型了。让这两个造型来回切换，吉祥猫看上去就像是在走路了。

我们再增加一段代码（图 1.5.2），让吉祥猫在移动的同时切换造型。第一行和上面是一样的，就是"当角色被点击"，这表示一个鼠标单击事件同时触发了两个动作：一是角色移动；二是角色切换造型。造型的切换是重复的动作，因此我们要学习一个编程中的重要概念：程序中的某些代码要重复执行，称为循环。单击 4 号区域中的橙色"控制"标签，我们用代码积木中的"重复执行 20 次"这个循环来实现来回切换的动作。循环框里面是重复执行的两行代码，就是"等待 0.22 秒"和"下一个造型"。等待的时间越短，造型切换得越快，吉祥猫就从慢慢走路变成了快速奔跑。

现在开始运行程序吧，吉祥猫会走路哎。

大家也可以自己试试调整等待时间。等待的时间短，就是造型切换得快，吉祥猫看上去就像是在跑步；等待的时间长，吉祥猫看上去就像是在走路。等待的时间和重复执行的次数配合好了，吉祥猫才能一步一步地刚好走到终点哦。

不管怎么说，吉祥猫现在真的会走路了，我们也开始会编程了。

1.6　事件

吉祥猫已经学会走路了，我们还在学编程，继续，对吗？

本节要进一步介绍"事件"概念，并介绍一个良好的编程习惯。

什么是事件？前面讲过，用鼠标单击绿色小旗子是一个事件，表示程序开始运行；用鼠标单击角色是一个事件，可以触发角色的许多动作。还有，按一下键盘上的某个键是一个事件，换一个背景也是一个事件。所以，事件有许多种，本质上就是一个触发信号，让程序在接收到一个输入的触发信号后执行某些指定的代码。

我们已经学过了鼠标事件，就是单击吉祥猫，让它开始走路。现在再学习一下键盘事件。很简单，在程序里删除原来的鼠标事件 当角色被点击 ，换成键盘事件 当按下 空格 ▼ 键 就可以了。代码里写的是空格键，意思是按键盘上的空格键，吉祥猫就开始走路。这样，空格键就好比跑步比赛里的发令枪，枪声一响，大家就开始跑步；但是，枪响之前，谁也不许动！空格键也一样，没按它之前，吉祥猫老老实实地站在起点，按一下空格键以后，吉祥猫就开始出发了！这样说来，事件实际上就是触发信号，告诉下面的程序：现在开始运行啦。

枪响以后，可能会有好几个人同时开跑；事件也一样，可能会触发好几段代码同时开始运行。我们知道，吉祥猫往前走实际上是两段代码；一段代码只有两行，是让吉祥猫从起点慢慢地移动到终点；另一段代码是不断地切换吉祥猫的造型，使得吉祥猫看上去像是在走路。这两段代码被键盘事件触发后同时运行，我们就可以看到吉祥猫一步一步地往前走了。

1.6.1　声音

好了，写了这么多代码，我们现在该来点好玩的了。吉祥猫不能老是默默地走路吧，我们就给它的林中漫步加点节奏，让它踩着鼓点走！首先，我们要从"代码"选项卡切换到"声音"选项卡，把鼠标移到左下角的喇叭处（图 1.6.1），单击喇叭进入声音库（图 1.6.2），我选了 B Piano 这个声音，你可以选一个自己喜欢的声音。

图 1.6.1 "声音"选择卡

有了声音以后，我们只要添加一行代码，把紫红色的"声音"标签里的"播放声音 __"积木块拖到循环框里面就可以了（图 1.6.3）。这样，吉祥猫就会边走路边出声了，很好玩的。你可以选一个自己最喜欢或者最搞笑的声音，赶紧试试吧。

图 1.6.2　声音库

图 1.6.3　同一个事件触发、同时运行的代码

1.6.2　编程习惯

　　就这样，我们的代码越写越多，程序也越来越复杂了。我们要在一开始学习编程的时候就养成良好的编程习惯。这很重要，是我们以后继续学习编程的重要基础。

现在介绍一个编程的好习惯。在写程序的时候，我们把同一个事件触发的几段代码在水平方向上并列在一起，表示这些代码被同一个事件触发，同时运行（图 1.6.3）。上下排列的代码表示从上向下按顺序运行，上面的代码先运行，下面的代码后运行。

另外，搭代码跟搭积木还是有点区别的：代码是从上往下搭，越搭越长；而真正的积木却是从下往上搭，越搭越高。两者都是很好玩，但搭的方向不同。

1.7　程序的初始化

吉祥猫现在终于踩着鼓点走到了终点。下一步去哪里啊？当然是展开下一段旅程啊。

吉祥猫踩着鼓点，走啊，走啊，终于走到了树林的尽头，它看见了什么？一座很大很大的漂亮的城堡！

把背景切换为城堡只需要一行代码："换成 Castle 1 背景"。先单击 3 号区域的吉祥猫，再在 4 号区域单击"脚本"选项卡回到编程页面，最后，在紫色的"外观"标签里就可以找到了这一行代码了。

还记得城堡背景叫什么吗？叫 Castle 1。

等等，这里有两个"当角色被单击"代码行，新的代码加在哪一行下面啊？

其实都一样，因为这两个动作是同时触发、同时终止的，所以切换背景的代码加到哪一行的下面都可以（图 1.7.1）。

马上运行！

咦，不对啊，吉祥猫怎么已经过了城堡了？

哎，更糟了，背景也乱了，吉祥猫不经过小树林了，全乱套了！

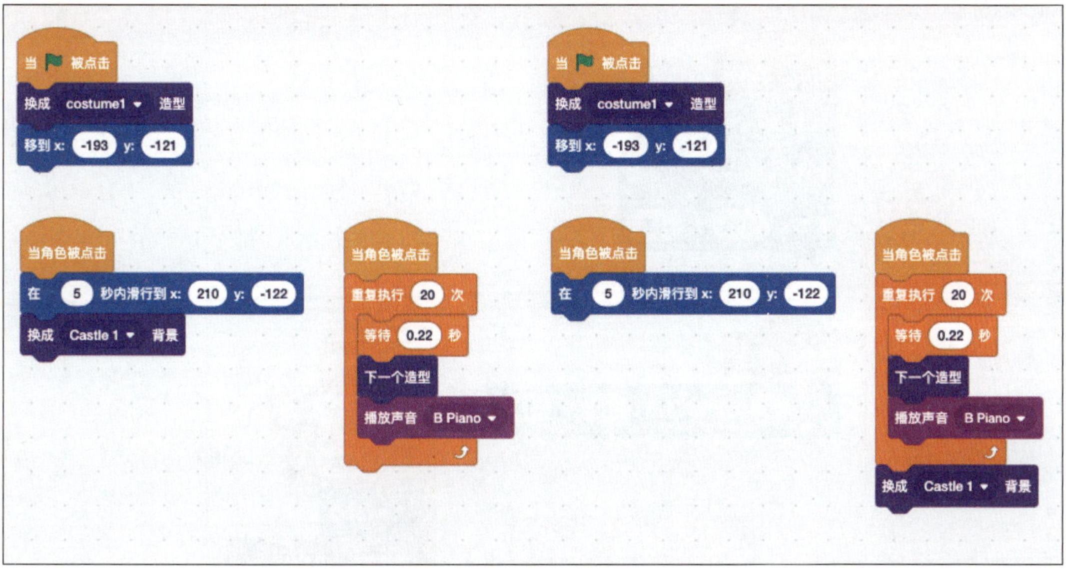

图 1.7.1　切换背景的代码

1.7.1　初始化

　　没关系，不着急。只要一行代码就一切回归正常了！在程序开始的时候，把背景切换回 Blue Sky 就可以了（图 1.7.2）。试试看，这样就不乱了吧？这就叫作程序的初始化。程序在运行中可能会用到各种变量和状态，在程序的一开始，我们用代码来设定变量和状态的初始值，以免将程序上一次运行的结果带到这一次运行中，影响这一次的运行。这样，所有的变量和状态的值在程序一开始运行的时候都是一样的。

　　初始化是编程中的基础概念，就是用代码设置变量和状态的初始值。

　　终于到了漂亮的城堡大门前，吉祥猫急着想要进去看看了！

　　可是，又出问题了，吉祥猫已经走过了城堡！

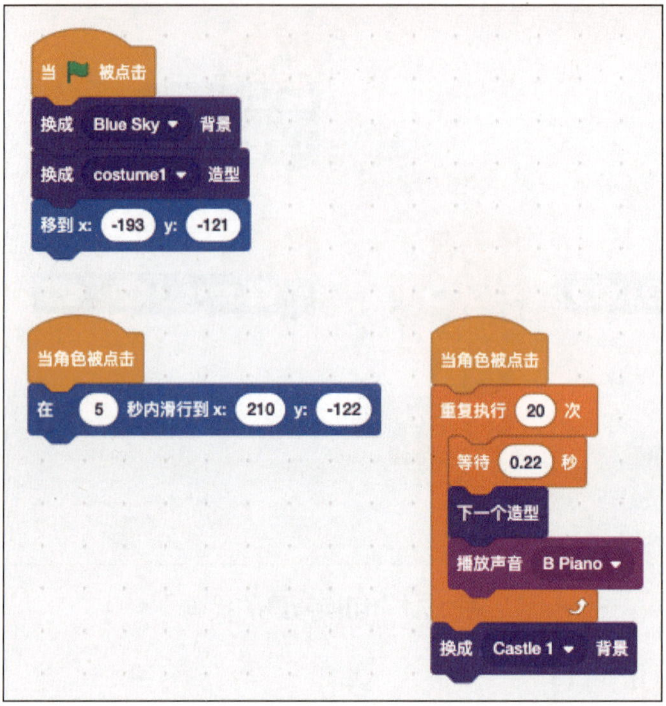

图 1.7.2　程序开始时将背景初始化为 Blue Sky

1.7.2　背景切换事件

我们现在要学一个新的事件——背景切换事件，由这个事件来触发吉祥猫的行动。在黄色的"事件"标签里找到事件开关"当背景切换成 __"这个积木块来接收背景切换这个触发信号，启动后续代码的运行。这里我们又学了一个新知识，就是事件或者触发信号可能是人输入的，比如用鼠标单击吉祥猫、按下了键盘上的某个键等；也可能是程序运行中某一步的结果，它会自动触发后续指定代码的运行。

我们继续！

切换背景后，我们让吉祥猫回到出发点，这个代码和程序初始化的代码是一样的，所以，我们要复制初始化积木块，并把它放到背景切换事件的下面（图 1.7.3），这样吉祥猫就来到了城堡大门前了。

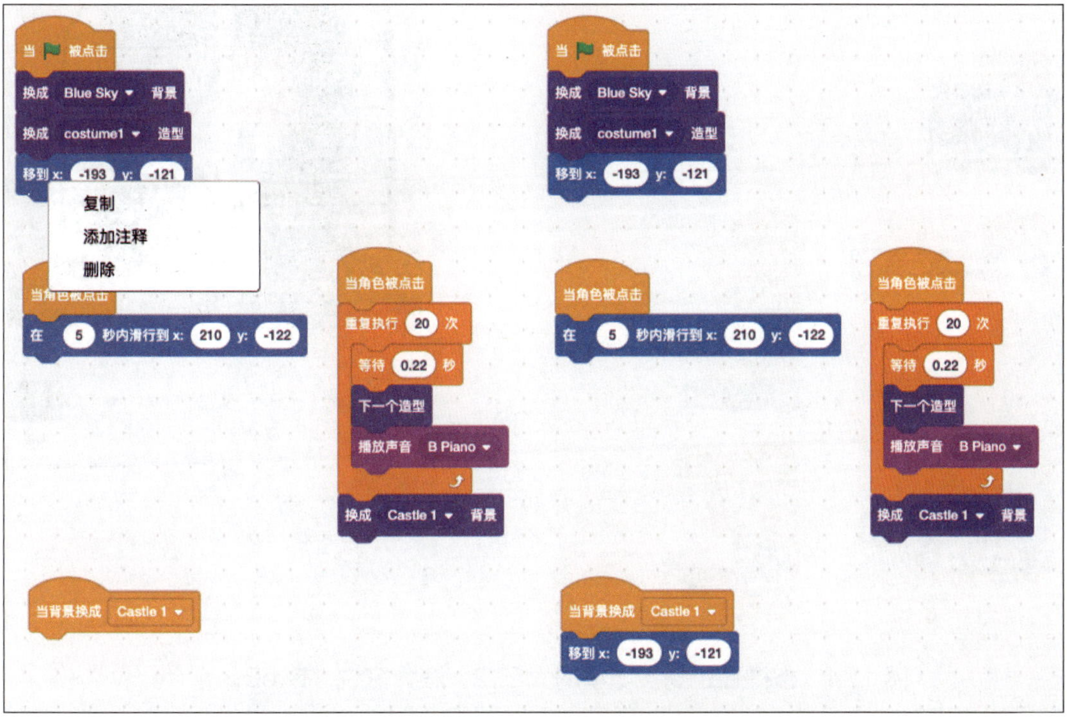

图 1.7.3　复制初始化代码并放到背景切换事件下

让吉祥猫继续往前走到城堡的大门前。当然，走路的代码是一样的，我们可以复制吉祥猫在小树林里走路的代码，但是，这两处代码的目的地不一样。大门的坐标？自己找找看吧，和前面的方法一样哦。

1.7.3　角色与人交互

就这样，吉祥猫高高兴兴地走到了城堡大门前。好了，它马上就要进门回家了。当然，我们知道，直接进门不太礼貌，它进门前要跟大家说"ByeBye！"。

吉祥猫说话的积木块在紫色的"外观"标签里，把它放在背景切换事件下面就行（图 1.7.4）。

图 1.7.4　吉祥猫走到了城堡的大门口，跟大家说"ByeBye！"

这就是人机交互——人和角色的友好对话。我们把角色看成一种"机器"，或者是计算机，或者是智能体，等等，我们和这些"机器"的交互就是人机交互的一种。

1.8　角色的消失与显示

吉祥猫到了大城堡的门口，"ByeBye！"也跟大家说过了。可是，它怎么进去啊？

一个办法是让吉祥猫慢慢地变小，最后消失在门后面。

让角色变小用的是紫色"外观"标签里的"将大小增加 __"。里面填的数字是百分数，让角色的大小增加 −2 就是就是将角色减小 2% 的意思。让角色最后消失用的是"隐藏"，就这么简单（图 1.8.1）。

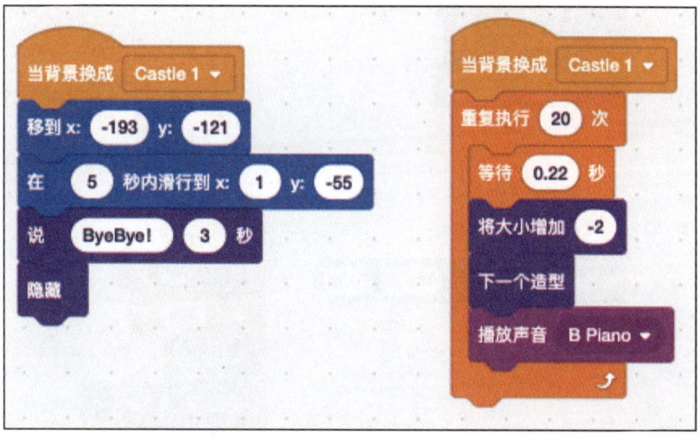

图 1.8.1　让角色消失

吉祥猫走 20 步到达城堡大门口，每一步变小 2%～3% 就可以了。它走到门口，说了"Bye Bye!"后，就消失在门后面了。

运行一下程序吧。

咦，这回情况更不对了，吉祥猫彻底消失了，再也不见了！

1.7.1 节说过了，如果程序在运行过程中改变了角色的状态，就需要在程序初始化的时候对已经改变的状态进行初始化，以免把上一次程序运行的结果带入这一次运行中。

上一段代码中，我们通过让角色变小和消失两次改变了角色的状态。相应地，我们要用"显示"对状态进行初始化来显示角色。在下面添加代码"大小设为 100"，也就是每次角色出来时都是一样大小（图 1.8.2）。

好了，故事讲完了。吉祥猫穿过小树林，回到了它的家——城堡。

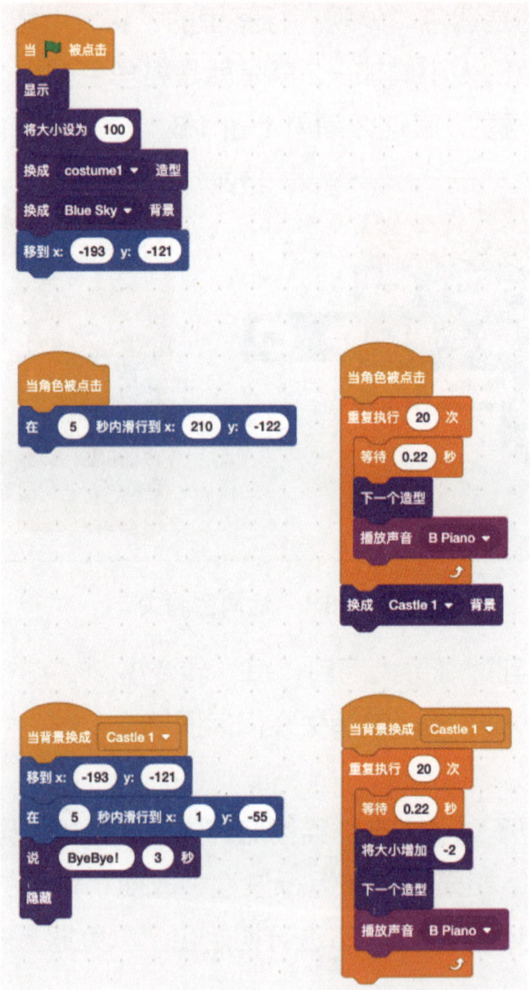

图 1.8.2　增加显示角色和设定角色大小、两行代码

1.9　新的角色

现在我们要为整个动画故事做一个"片尾"，告诉大家是谁编的这个故事。先为"片尾"选一个背景，我选了 Party，加上了我的名字和学校名（图 1.9.1）。

字体有好几种可以选择，字的颜色也可以在左边的调色板里选，但是字的大小要在输入完成后再调整。完成以后，我们就有了新的背景，名字还是叫Party。

图 1.9.1　在背景中用 T 工具添加文字

有了"片尾"，我们要添加一行代码，当吉祥猫进了城堡大门后，背景切换到 Party（图 1.9.2）。

光有这样的图片"片尾"，画面是静止的。我们要添加一个角色，让"片尾"动起来！

添加角色的方法和添加背景的方法是一样的，把鼠标移到角色区域的右下角，就出现"选择一个角色"的提示（图 1.9.3）。单击这个图标后，可以看到角色非常多。我想添加一个小女孩，在"人物"下选择 Ballerina，意思是跳芭蕾舞的小女孩（图 1.9.4）。

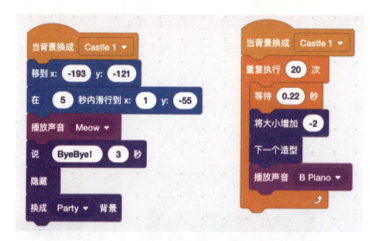

图 1.9.2　吉祥猫进门消失后，背景切换为 Party

图 1.9.3　单击这个图标选择一个角色

图 1.9.4　角色库中的人物类角色

现在，新角色 Ballerina 还没有任何代码！

对的，前面所有的代码都是为吉祥猫写的，还没有为新的角色 Ballerina 写任何代码，所以，Ballerina 的代码区里是空白的。这就是基于对象的编程，是近年来普遍采用的一种先进的编程思想，新的编程语言都采用基于对象的编程思想。

我们为 Ballerian 添加一段代码，让她跳舞。当然，首先是要对她进行初始化，和吉祥猫的角色相反，我们要先隐藏 Ballerian 这个角色，也就是当我们在讲吉祥猫的故事的时候，Ballerina 不出现；然后，当背景切换到 Party 的时候，Ballerina 出现。切换背景是吉祥猫角色代码中的一个动作，Ballerina 通过 当背景换成 Party ▾ 获取这个切换背景动作的信号，这样就建立了两个角色之间的联系。

角色 Ballerina 出来跳舞，我们要添加声音。我选了节拍比较强的 Dance Around。跳舞的代码其实就是切换角色的不同造型，同时播放音乐。这里我们用的是"播放声音 ___ 等待播完"这个代码积木块，以便实现单曲循环。实际上，这里用到的代码我们都已经学过了，大家自己写吧。

要注意的是，现在我们有两个角色了，每个角色都有一段自己的代码。在编程界面里，右上角都有一个角色的形象，以表示这是属于哪个角色的代码。

最后，还要介绍一个写代码的好习惯。在程序结束的时候，记得加上最后一行代码："停止　全部脚本"，意思就是停止整个程序的运行。

我们的跳舞"片尾"的代码成功了（图 1.9.5）。

图 1.9.5　角色 Ballerina 的跳舞"片尾"

这样，吉祥猫的故事就讲完了，最后为这个故事取个名字。编辑"片尾"的时候，记得把你自己的名字、学校名都写上去哦。

吉祥猫的完整程序（图 1.9.6）已经共享在 Scratch-cn 的网站上，链接如下：

https://www.scratch-cn.cn/project?comid＝5f58f848364d560abc0b4994

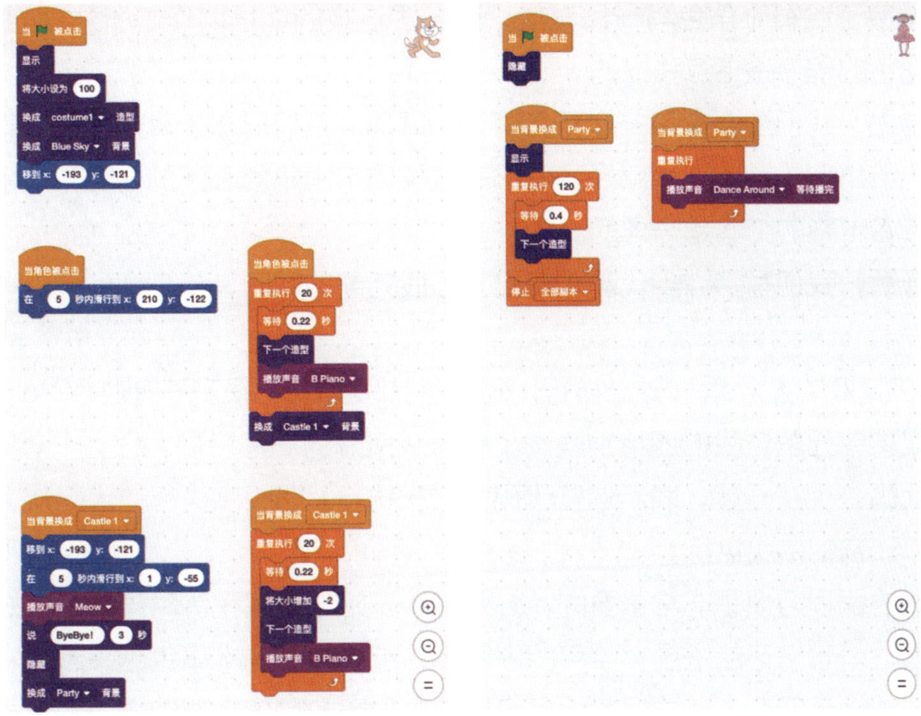

图 1.9.6 吉祥猫的完整程序

1.10 单元小结

在本单元，我们学习了一些有关计算机的基本概念，比如计算机语言、C语言、编程、计算机程序等。

更重要的是，我们在 www.scratch-cn.cn 的网站上注册了账号，安装了Scratch 集成编程环境。有了账号和编程环境，我们就可以开始编程了！

在本单元，我们学会了如何写代码，并写了一个吉祥猫的程序！

我们学习了项目、初始化、循环、事件等很多编程概念，学会了选择背景、选择角色、切换背景、切换角色等编程技巧。在学习做动画"片尾"的时候，我们学会了给每个角色写一段程序，知道了这样的编程叫作基于对象的编程，各个角色的程序是相互独立的。

这里，我们还要学习一个新名词——脚本。我们把属于每个角色的一段代码称为该角色的脚本，也就是我们编的故事剧本里角色表演的内容和要求，跟戏剧或者电影的脚本是一样的。

最后，我们写了许多代码，编出了一段完整的动画，从不会到会，进步很大耶！

(*@ o @*) 哇～,写了这么多行代码，连我都觉得自己很了不起啦 (⊙ o ⊙)！

在本单元里，我们还特别强调了要养成良好的编程习惯：把同一个事件触发的代码并列在一起，表示这些代码同时被执行；把顺序执行的代码从上到下排列，让它们依次执行。

好的编程习惯是非常重要的，必须在一开始学习编程的时候就养成好的编程习惯。随着学习的进展，学习的内容越来越多，你的本事也越来越大，写的程序就越来越复杂。养成好的编程习惯使得你写的程序容易读懂，就像一篇结构清晰、格式规整的好文章一样易于理解。这样，如果你过段时间后发现程序有错误，或者你有新的主意，要修改程序，你自己就能够读懂程序，知道哪里出错，如何修改。

最重要的是，我们通过编程，体会到了 Scratch 编程很有意思，可以实现自己的想法，而且一点也不难！

我们都可以学会编程，现在就已经迈出第一步了！

第 2 单元
编 程 进 阶

2.1 继承已完成的程序

吉祥猫的故事讲完了。下一个故事是水族箱。我们要建造一个水族箱！本单元的故事剧本就是有许多鱼在水族箱里游来游去。

在第 1 单元，我们学会了新建一个项目，从头开始写出了整个程序。在本单元，我们要学一个新的本事，继承和改编一个已经写好的程序。在实际编程中，我们经常使用一些程序库来提高编程效率，一些经过验证的程序库具有很高的稳定性，极少出错，使得编程具有很高的效率和正确性。因此，继承和改编自己或者别人写的程序，是编程中非常重要的一项技能。

在 Scratch 网站上，有许多很好玩的程序，我们也想学一学，把它们改编一下，应该怎么着手呢？

先登录你自己的 Scratch 账号，然后输入这个网址：

https://www.scratch-cn.cn/project?comid=5f58fbe1364d560abc0b49a2

稍等一下，学 Scratch 的人太多了，网页打开得有点慢。喔，终于出来了。现在是关键的一步，单击网页右上角的"改编"按钮（图 2.1.1）。再稍等一会儿，网络还是有点慢。终于成功了，Aquarium（水族箱）程序保存到你自己的账号里了。

这个冒泡泡的水族箱项目是我预先写好，发布在 Scratch 网站里，分享给大家的。我们现在继承这个项目，在原程序的基础上继续编程。这样保存下来的程序就是从别人的项目继承来的，接下来要在别人的基础上继续编程。当然，

图 2.1.1　在 Aquarium 程序网页单击"改编"按钮

项目完成以后，我们也要把自己改编的程序发布在 Scratch 网站里，分享给大家。我们一定要记得引用原项目，并感谢原项目作者的贡献。这个很重要，一定要记得！

好了，现在我们站在"巨人"的肩膀上了！

在继续编程之前，先运行一下继承来的程序，并读懂、分析原程序的代码，然后才能继续做我们自己的水族箱。

读懂和分析别人的代码很重要。一方面，我们通过读懂代码来理解原来的程序，使得我们能够很好地继承代码；另一方面，我们通过分析代码来学习别人的编程思想和编程技术，使得我们在继承代码的同时，通过分析代码提高自己的编程水平。

这个程序运行起来就是一个冒泡泡的空水族箱，里面没有鱼，也没有虾，啥也没有。这个程序包括 3 个角色和 3 个背景（图 2.1.2）。其中 3 个角色的代码都是一样的，每一个角色就是水族箱里的一串气泡。

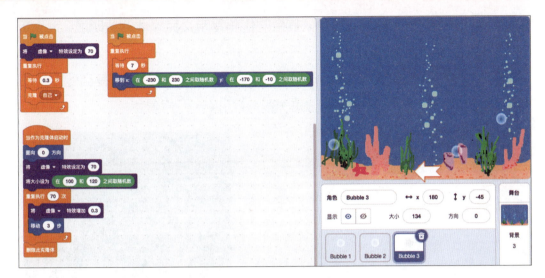

图 2.1.2　继承的水族箱程序

　　角色的代码比较简单，分为 3 部分。代码的第一部分设定"虚像"特效，其作用就是把角色变成半透明的，让这个白色的圆圈看上去像气泡。程序中 3 个角色设定的"虚像"值不同，得到的透明度也不同，"虚像"值越大，角色越透明，看上去就在水族箱的远处。因此，3 个不同的"虚像"值造成了 3 串气泡远近不同的效果。

　　第一部分里还有一行关键代码是"克隆自己"，就是生成一个当前角色的副本，称为克隆体。这实际上就相当于把当前的角色通过复制和粘贴操作来"分身"。这行代码在 2.2.1 节详细讲解。

　　代码的第二部分在第一部分的右边，它的作用是随机移动角色到一个新的生成的地方。

　　代码的第三部分在下边，它的作用是关于克隆体的，主要是定义克隆体的移动。"面向 0 方向"是定义克隆体的移动方向。其中，0 代表 0°，方向向上；90 代表 90°，方向向右；180 代表 180°，方向向下；270 代表 270°，方向向左。

也就是说，这里以角度值表示方向。其余的代码是定义克隆体的透明度、大小等。

现在，最神奇的事情发生了！

单击背景，我们可以看到背景本质上也是角色，也拥有自己的代码（图2.1.3）。背景的代码很简单，就是每分钟切换一下背景。

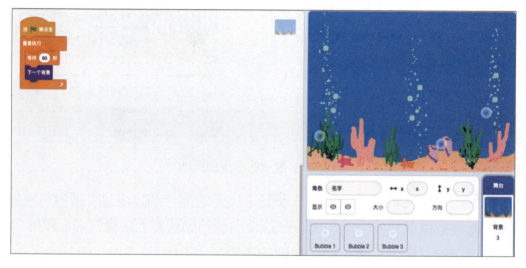

图 2.1.3　水族箱的 3 个背景及其代码

通过以上分析，我们看到了代码里有我们学过的循环、移动等，也有我们没学过的克隆、背景的脚本等。复习一下前面学的基于对象的编程，我们发现，不但角色是编程中的对象，背景其实也是对象。这加深了我们对基于对象的编程的理解。

2.2　学会克隆

接下来隆重介绍我们这个项目的主角——泡泡，就是图2.1.2里橙色箭头所指的那个泡泡，这也是目前程序里唯一的角色。

整个水族箱里只有3个泡泡，一动也不动，不合常理。

为了让泡泡动起来，一串一串地向上浮，我们首先要学一种分身术——克隆，让一个泡泡变出很多很多泡泡来。这跟变魔术一样，听起来很酷吧？

程序很简单，分为上下两段（图 2.1.2）。下面一段是不断地克隆自己，每隔 0.3 秒生出一个泡泡，这样不断地克隆，就变出了很多个泡泡。

2.2.1　克隆的对象

克隆出来的泡泡也是泡泡啊，这样，原来的一个泡泡对象变成了两个泡泡对象。那么，我们写的代码是针对哪个泡泡对象的？

我们再复习一下基于对象的编程，前面的角色和背景都是编程中的对象。现在克隆出来的新角色也是编程的对象。这又加深了我们对基于对象的编程的理解。

我们现在就要解决一个对象克隆出多个对象的问题。

解决的办法依然是为每个对象分别写代码。我们先找到 `当作为克隆体启动时` 这行代码，它表示当前被克隆出来的一个泡泡是一个新的独立的对象，称为克隆体。在这行代码下面的所有代码都是关于克隆体这个对象的。克隆体就相当于泡泡对象里的一个独立的子对象，具有独立的代码。

2.2.2　克隆体的消失

让角色移动的方法我们已经学会了，包括两行代码（图 2.1.2）：一是"面向 0 方向"，告诉角色向上移动；二是"移动 3 步"，是让角色向上走 3 步。这样走走停停，不断重复，泡泡就浮起来了，直到浮出水面。

泡泡看起来是半透明的。我们用了两行程序设置泡泡的透明度。还有，我们用了"将大小设为…"这行程序来改变泡泡的大小，`在 100 到 120 间随机选一个数` 就是使得泡泡看上去有大有小，显得真实。如果没有学过随机数也没关系，你迟早要学到的。

最后还有一行很重要的程序："删除本克隆体"！就是使泡泡浮到水面后自行消失。从"克隆自己"到"删除本克隆体"，这段程序完成了从产生克隆体到消灭克隆体的整个过程（图 2.2.1）。当泡泡对象里的一个独立的子对象完成了使命以后，就被删除了。要不然，水族箱里泡泡越来越多，就变成了"泡泡箱"，没法养鱼了。

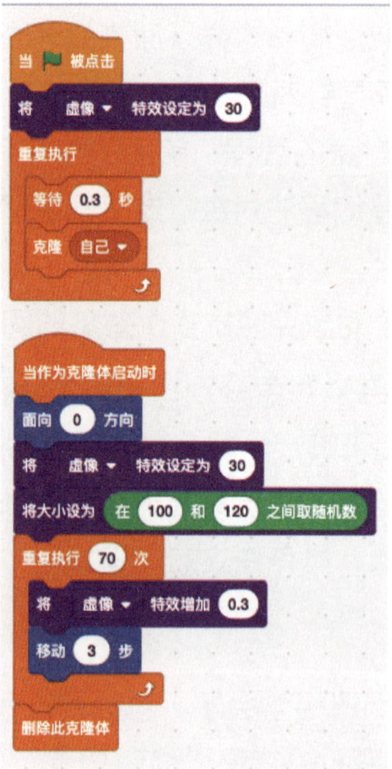

图 2.2.1　从产生克隆体到删除克隆体的代码

现在我们学会了生成一串串的泡泡，看上去不错。可是，一直在老地方冒泡泡，看久了也很没意思啊。我们加一段移动角色 Bubble 1 的程序，就是每过 10 秒让角色 Bubble 1 随机移动到一个新的位置。这就是图 2.1.2 中右边的那几行代码。

2.2.3　复制角色

你以为这就完成了？三串气泡怎么够？还得多来几串吧！

我们前面学会了如何克隆一个角色，可是得到的是该角色的子角色。那么，如何克隆一个角色而得到新角色？

我们又要学一个新招了。右击（用鼠标右键单击）要克隆的角色，在快捷菜单中选择"复制"命令。OK，多复制几个吧（图2.2.2）！关键的关键是，角色被复制时，角色的程序也一起被复制了，你不用再写一个一模一样的程序了。要注意的是，如果你还想要这个角色，千万别选择"删除"命令；否则，那就对不起了，你的角色和程序一起被删除了，你全白干了！

图 2.2.2　复制 4 串泡泡

2.3　多循环的配合

水族箱里不能只有泡泡。现在该养点鱼了！

先把 Scratch 角色库里所有的水下角色挑出来，加到水族箱的角色里（图 2.3.1）。水下角色有点多，也很乱，先把它们全部隐藏了吧。这个代码你肯定会写，我在这里就不秀了。

图 2.3.1　Scratch 角色库里的水下角色

如果你把潜水员也放进去了，那我就彻底无语了（-_-）。即使把他们放进去了，他们一会儿也要做鲨鱼的小菜了。也就是说，潜水员刚进去就"狗带（go die）"了（图 2.3.2）。

图 2.3.2　危险的鲨鱼

我现在先来讲一讲海星。你知道海星的英文是什么吗？很简单，Starfish！但是，海星不会游泳，只能在沙子上慢慢地爬，不是鱼，英文却叫 Starfish，有点怪怪的。

我们采用上次学的吉祥猫走路的办法让海星移动，包括两段代码。左边这段代码完成初始化，设置海星的大小为原始大小的 35%，设置海星"虚像"（透明度）为 35%。这两个数值可以自己随便设置，你觉得好看就行。接下来用一个循环让海星切换造型。右边的代码是一个循环，其作用是让海星滑行，同时增加一些特效，我用的是改变颜色的特效。这些代码我们都学过的，还记得吗？记不记得都没关系，学而时习之，就算是复习一下吧（图 2.3.3）。

当然，我们要让海星在水族箱里移动，也就是在水族箱里选 5~10 个位置。你喜欢让海星怎么爬，就怎么选位置，反正海星是从一个位置爬行到另一个位置，很听话的哦。要实现这个功能，我们就需要采用多循环的方式。首先是大循环，也就是海星从一个位置爬到另一个位置。比如我们要让海星沿着一个六边形路线游动，这个大循环实现的就是让海星沿着六边形的 6 条边不断爬行。

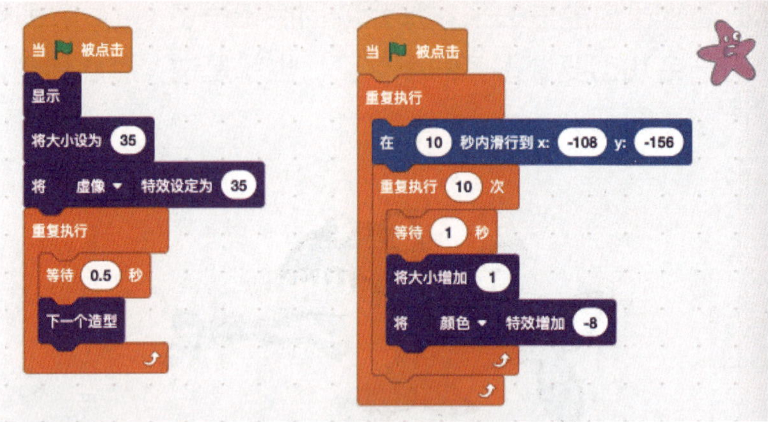

图 2.3.3　海星移动代码

在这个大循环之内还有多个小循环，用于让多个位置的海星有些不同，比如远处的海星透明度高一些，爬行的速度也慢一些，等等。我们把这些大小循环放在一起，形成多循环，才能实现海星漫游海底世界。

循环的概念很重要，在代码里经常用到，我们现在就学习多循环。下面用到循环时，我们再进一步学习循环的概念和用法。

海星爬行特效都有哪些？

首先，"近大远小"的感觉要有，但 Scratch 上可没有"将角色大小减少＿"的代码，你得使用"将角色大小增加＿"并给出一个负值；当它慢慢爬回来时，再使用"将角色大小增加＿"并给出一个正值，这就好了！

其次，在水里离得特别远看东西时会有一点看不清，海星"虚化"的感觉也要有。我的办法是改变海星的颜色，让海星和海底环境融为一体。这些代码都是一样的，你可以复制代码，改变一下代码里的参数（图 2.3.4），海星就可以不断地在海底漫游了。

对了，还要记得程序的初始化。

好了，就这些了！让海星开始四处漫游吧（图 2.3.5）。

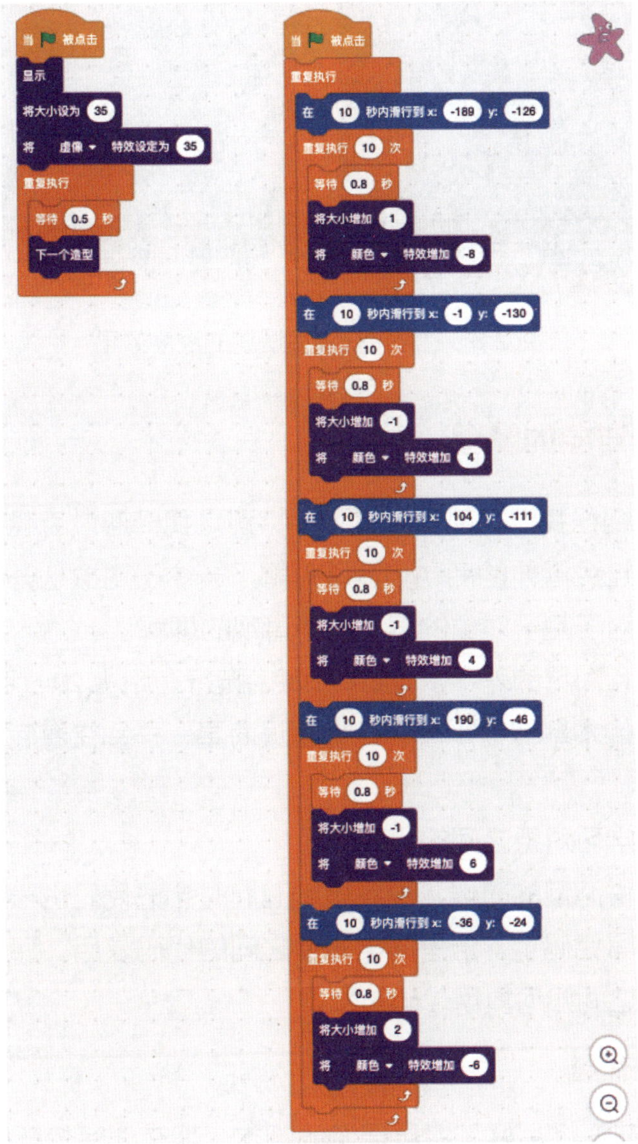

当 🚩 被点击

显示

将大小设为 35

将 虚像 ▾ 特效设定为 35

重复执行

　等待 0.5 秒

　下一个造型

当 🚩 被点击

重复执行

　在 10 秒内滑行到 x: -189 y: -126

　重复执行 10 次

　　等待 0.8 秒

　　将大小增加 1

　　将 颜色 ▾ 特效增加 -8

　在 10 秒内滑行到 x: -1 y: -130

　重复执行 10 次

　　等待 0.8 秒

　　将大小增加 -1

　　将 颜色 ▾ 特效增加 4

　在 10 秒内滑行到 x: 104 y: -111

　重复执行 10 次

　　等待 0.8 秒

　　将大小增加 -1

　　将 颜色 ▾ 特效增加 4

　在 10 秒内滑行到 x: 190 y: -46

　重复执行 10 次

　　等待 0.8 秒

　　将大小增加 -1

　　将 颜色 ▾ 特效增加 6

　在 10 秒内滑行到 x: -36 y: -24

　重复执行 10 次

　　等待 0.8 秒

　　将大小增加 2

　　将 颜色 ▾ 特效增加 -6

图 2.3.4　海星漫游海底的循环代码

图 2.3.5　海星在海底漫游的程序效果

2.4　基于对象的编程

基于对象的编程我们在前面学过了，特别是我们通过克隆得到了编程对象的子对象，并通过克隆体的启动和删除理解了一个子对象从开始到结束的生命周期。使得我们对于基于对象的编程有了直观的理解。

螃蟹的运动和海星的差不多,也是在海底爬行。所以,本节我们要新学一招,把海星水下漫游的本事传给螃蟹！让螃蟹跟海星一样，在海底自由自在地爬来爬去。

本节我们要学习对象之间的代码复用！

前面我们在讲泡泡的时候，说到复制泡泡时会把代码也一起复制了，这样我们就不用重新写代码了。这是同类对象之间的代码复用。那么，海星和螃蟹这样不同的对象之间如何复用代码？

2.4.1　复制代码

我们在 2.3 节已经写好了海星漫游的脚本，现在要写螃蟹爬行的脚本，让螃蟹也运动起来。这种编程方法就是基于对象的编程，意思就是给每一个角色

（对象），比如海星、螃蟹等，写一个脚本，使得每一个角色（对象）都能够运动。

现在我们学习把一个对象的脚本复制给另一个对象，实现对象间脚本复用的方法。复制代码的方法很简单，选中整块海星的脚本，按住鼠标左键将其直接拖到螃蟹上就可以啦！

重复这个过程，把海星的所有代码都拖到螃蟹上，螃蟹就有了和海星一样的代码了。

还有一件小事，要解除螃蟹原来的"隐藏"状态！好了，现在螃蟹挥舞着大钳子出来了（图 2.4.1）。

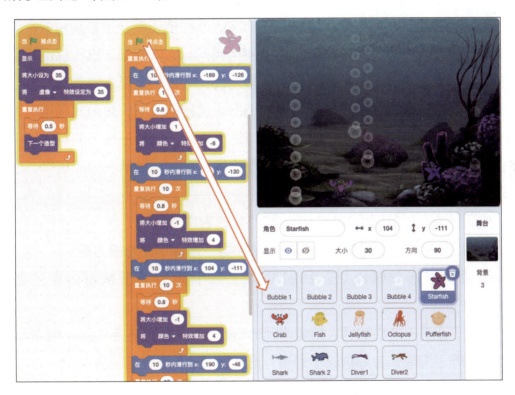

图 2.4.1 把海星的代码复制给螃蟹

2.4.2　修改参数

螃蟹是横着爬的，怎么能和海星一样自由移动呢？我们还需要做一些小小的改动。螃蟹爬行的方向、速度、位置等运动参数都要修改，螃蟹的颜色、透明度等特效参数也都要修改。最后，看看螃蟹有几个造型，切换造型等参数和代码也要修改。

总之，复制代码以后，由于两个对象有一些不同，我们还要通过修改参数使得原来的代码适用于新的角色。当然，或许也还有少量的代码要调整。

2.4.3　对象与代码

到目前为止，我们学习了3种基于对象的编程技巧。一是复制对象，连同代码一起复制，基本不用改动即可直接使用代码，比如泡泡。这种情况复用代码最简单。二是刚才学的不同对象之间复用代码，复用之后需要调整参数，对代码进行少量修改，比如海星和螃蟹的情况。这种情况下，复用代码可以提高效率，减少代码出错。三是在一个对象内进行克隆操作，形成子对象，我们需要管理子对象的生命周期和它在生命周期内的运动。这种情况有点复杂，没有代码可以复用，需要自己写代码！

把海星的代码复用给螃蟹之后，应该修改哪些参数？

答案是：你想怎么玩螃蟹就怎么修改参数。发挥你的想象力吧！

这段代码修改好以后，我们就有了一个新的关于螃蟹对象的脚本（图2.4.2）。

但是，还有一个小问题，螃蟹遇到海星的时候，是各走各的路、相安无事，还是螃蟹吃了海星或者海星吃了螃蟹？谁知道这个问题的答案？

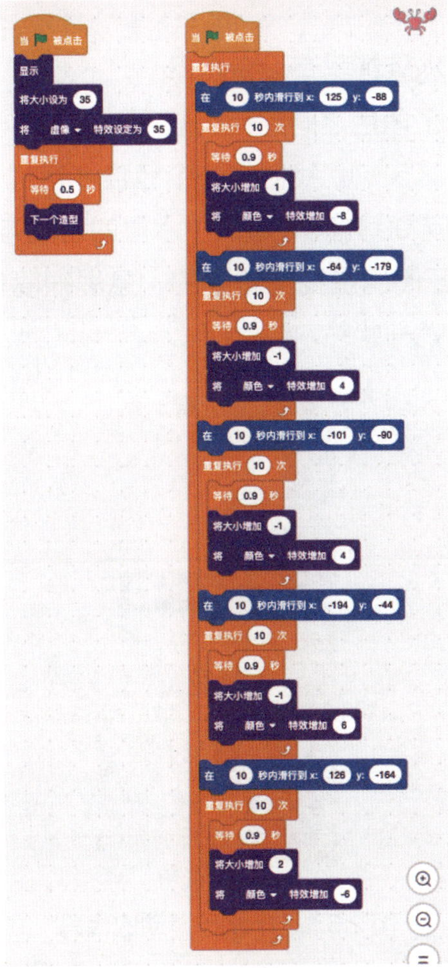

图 2.4.2　螃蟹的脚本

2.5　角色移动的新方法

活泼的小水母可不像螃蟹和海星一样慢吞吞地爬过来爬过去。
参观过水族馆的小朋友还记得水母是怎么游泳的吗？

不记得了？

那就下次注意看看水族馆里有没有水母。

尽管我们已经学会了角色之间的代码复用，但是，现在我们要学习一个让角色移动的新方法（图 2.5.1）。我们用一个包含 3 行代码的循环来实现小水母的游动。首先，用"面向 90 方向"定义小水母的游动方向，也就是水平游动；其次，"移动 3 步"这行代码是我们新学的，意思很简单，就是让小水母往前游动 3 步。这样小水母就开始往前游动了。

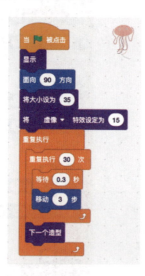

图 2.5.1　小水母游动的代码

接下来的几行代码，如"重复执行 30 次""等待 0.3 秒""下一个造型"等，我们都已经学过了。把这些代码放到"重复执行"大循环内，小水母就会游动了。

我们再增加一些代码来调整小水母。比如，设定小水母的大小，使它看上去是一只小水母；设定小水母的透明度，使它变成一只可爱的小水母。

还有一行关键的代码！

小水母原来是隐藏的，在水族箱里是看不见的。怎么办？

一点也不难，我们学过的。就是把"隐藏"代码拖回去，把"显示"代码拖出来！

这就好了。运行一下吧。

啊！小水母游到水族箱外面去了，回不来了。

又做错了什么？

并没有做错什么！但是，我们需要增加两行代码（图 2.5.2），让小水母游到水族箱边上时就往回游，别游出去就行啦。这个"碰到边缘就反弹"就是让小水母回头的代码。但是，也不能乱反弹啊，不能把头反弹到向下吧？对，我们还需要一行代码来告诉小水母只能左右翻转："将旋转方式设为左右翻转"，意思就是让小水母反弹时不能上下翻转。

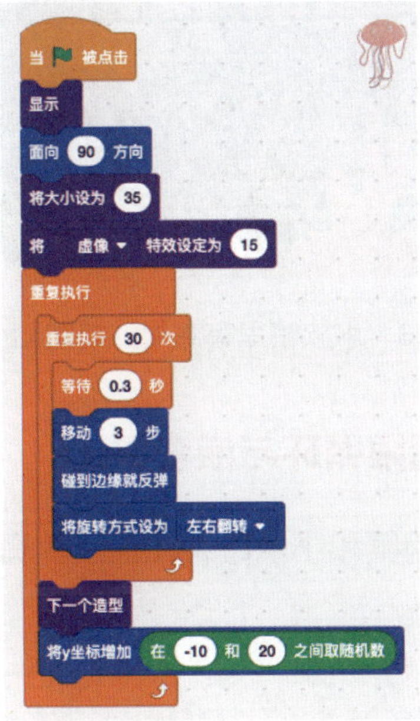

图 2.5.2　增加小水母反弹和上下移动的代码

另外，还增加了一行代码："将 y 坐标增加在 −10 和 20 之间取随机数"，使得小水母上下移动。

这段代码很简单，而且小水母也不会沿着固定路线游动，水族箱变得更加有意思了。

这次真的可以了。运行一下吧。

水族箱里出现了一只小水母（图 2.5.3），看见了吗？

图 2.5.3　水族箱里有海星、螃蟹和小水母

2.6　有限循环、无限循环与嵌套循环

水族箱里有了海星、螃蟹和小水母，现在该养真正的鱼了。

鱼在水里是怎么游的？

不知道？

你不知道我知道！答案是：鱼在水里随便游，想怎么游就怎么游！哈，哈，哈！

这可不是随便说的，今天我们要新学一招来实现鱼在水里随便游。

2.6.1　有限循环与无限循环

我们在一开始学编程的时候，也就是让吉祥猫走路的时候，就已经学过循环这个概念了，它的意思是让某些代码重复执行。前面还专门讲过利用多循环使得海星、螃蟹等在海底漫游。我们用过的循环共有两种：![重复执行]与![重复执行 10 次]。"重复执行 n 次"是有限循环，其中的代码会被重复执行 n 次，然后继续执行循环下面的代码。但是，"重复执行"这个代码里，少了"n 次"这个限制，意思就是没有次数限制的重复执行，也就是无限循环，其中的代码在程序运行时会不断地被执行，永不停止，无限循环下面的代码则永远不会被执行。

我们在编程的时候要尽量少用无限循环，而且一定要记住，无限循环下面不能接任何代码，实际上也不会运行。另外，我们在介绍编程好习惯时提到过，代码写好后要记得在程序最后加一行"停止全部脚本"代码。在这里我们就明白了，这个代码的一个重要作用就是中止无限循环的运行。

2.6.2　嵌套循环

我们前面学过，为了实现某种功能而把几个循环代码放在一起，相互配合。这种多循环的正式名称叫作嵌套循环。意思就是循环代码像俄罗斯套娃一样，一个一个地套在一起。

具体使用嵌套循环时，有限循环可以有多个，可以一层一层地嵌套。但是，要记住的是，无限循环最多只能有一个，放在整个嵌套循环的最外层，像这样：

而绝对不能放到里面去：

为什么？想一想吧。

2.6.3　嵌套循环应用

学了这个新招，下面我们就用这个新招来实现鱼在水里随便游。

根据我的理解，鱼在水里随便游，就是鱼在水里游一段，换一个方向，再游一段，再换个方向。当然，换个方向的意思是鱼随机地换一个游的方向。

你都已经学到这里了，这肯定难不住你了！你一定还记得我们以前学过的随机数，对吗？

现在就来编写嵌套循环代码吧。我们知道，鱼在水里是不停地游啊游啊。这就用到了无限循环，表示鱼不停地游。在这个无限循环里面，我们用一个有限循环来让鱼移动一小段距离，然后，让鱼换个游的方向，继续游一小段距离……就是一个嵌套循环（图 2.6.1），很简单吧。

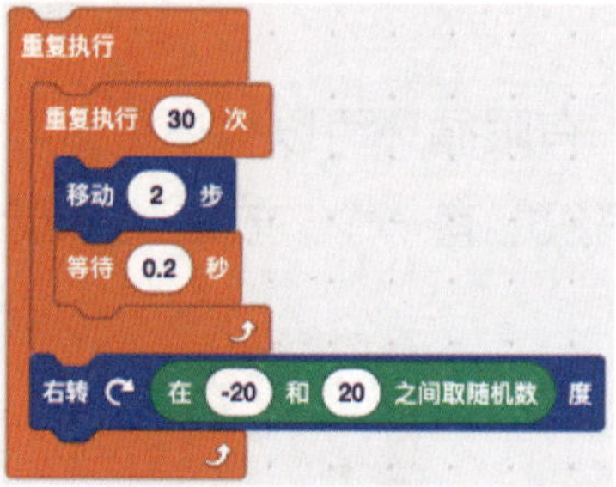

图 2.6.1　实现鱼在水里随便游的嵌套循环

运行它试试看。

忘了显示小鱼了？小鱼有点大？是的，我们还需要用到前面学过的程序初始化来显示小鱼，调节小鱼的大小、前后关系等。这些代码不需要重复执行，所以，把它们放在无限循环的前面（图 2.6.2）。

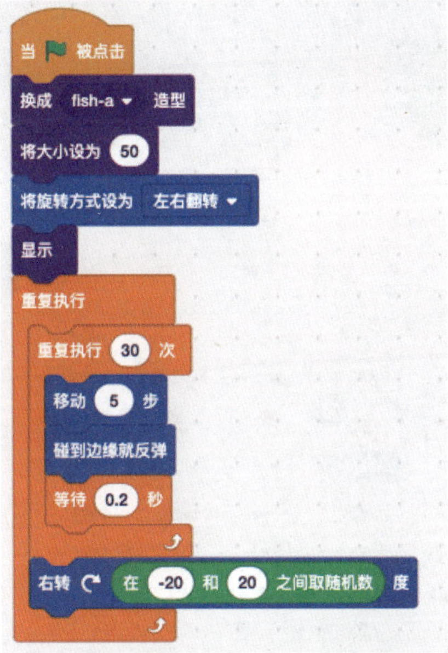

图 2.6.2　完整的小鱼游泳程序

好了，这个小鱼游泳的脚本写完了，我们的水族箱里多了一条漂亮的小鱼！

在前面的代码中，我们都是通过切换一个角色的多种造型而使得角色具有运动的效果。但是，现在我们把每个角色的每个造型都看成一个不同的角色，这样，我们的水族箱里就有了许多鱼啦（图 2.6.3）。

你想在水族箱里养多少条鱼，它们怎么游？这些都是由你来决定的！

图 2.6.3　水族箱里有许多鱼

2.7　条件控制：如果……那么……

现在，水族箱里的故事就要进入高潮了，故事的主角——大 Boss 终于要出来了！

跟很多故事一样，大 Boss 都是在最后、最关键的时候才出场的。

好，让我们隆重请出水族箱之王，大大大 Boss，鲨鱼！

还记得吗；海星不是鱼，可是叫 starfish；鲨鱼是鱼，可是不叫 fish，它叫 shark！

鲨鱼和鱼的游动方式是一样的，我们先把鱼的代码复制给鲨鱼，用嵌套循环、随机特效等代码先让鲨鱼在水族箱里游起来。不过，鲨鱼要比鱼游得快，要不然鲨鱼永远吃不到鱼！因此，我们必须修改几个重要参数。

首先，鲨鱼有 3 个造型，我喜欢 shark2-c 这个造型，看上去不那么凶巴巴的。其次，通过"将大小设为 60"使鲨鱼变得更大，再将嵌套循环里的"移动 5 步"改成"移动 10 步"，或者把"等待 0.2 秒"缩短为"等待 0.1 秒"使鲨鱼游得更快。最后，把小鱼较小的转动角度（−20°~20°）换成鲨鱼霸气的随机掉头  面向 在 -90 和 90 之间取随机数 方向 （图 2.7.1）。

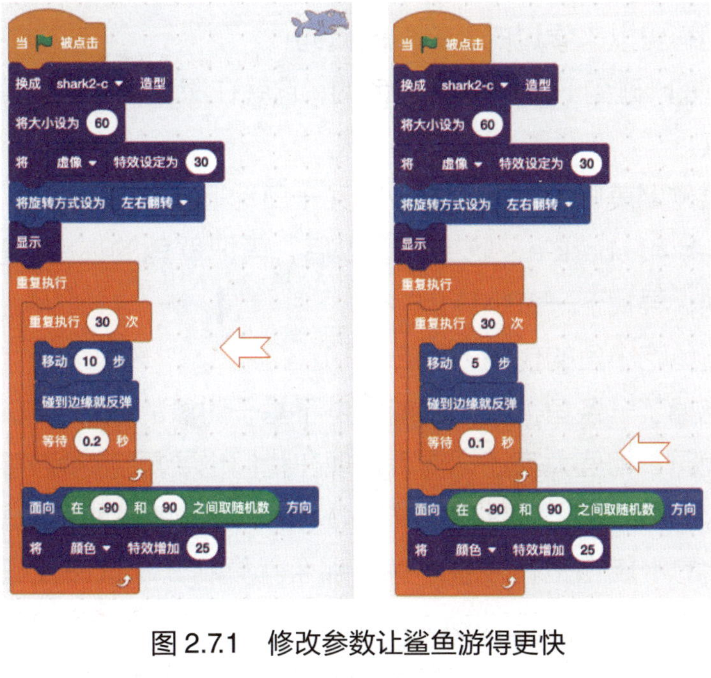

图 2.7.1 修改参数让鲨鱼游得更快

一条大鲨鱼游着游着猛然回头冲了过来！

好"吓鱼"啊！

好了，运行程序吧。

现在，水族箱之王，大 Boss，水族箱故事的主角，威风地游过来了！小鱼们从此过上了心惊胆战的日子。

咦，这条鲨鱼难道是吃素的？它竟然和小鱼们相安无事！

绝对不行！

现在，我们再学一招，一句新的控制代码："如果碰到 Fish？那么"吃掉它！就是这个：

这是我们有史以来学过的最霸气的代码！

代码中间的"碰到 Fish"是深蓝色的，它就在深蓝色的"侦测"标签里面。

现在继续。

鲨鱼如果碰到美味的小鱼，要一口又一口地把它吃进肚子里，此时鲨鱼的造型是 shark-b 和 shark-a。吃完小鱼以后，再把鲨鱼的造型切换回 shark-c，让它继续游动，寻找下一条小鱼。

这就是鲨鱼吃小鱼的代码（图 2.7.2）。

这样只吃掉了一条鱼。我们以前学过了基于对象的编程，知道了如何在角色之间复制代码，相信大家还记得哦。现在我们也要复制这段代码，把水族箱里的鱼全吃了！对，如果你的水族箱里只有 3 条小鱼，那么就复制两次这段代码；如果你的水族箱里有 4 条小鱼，那么就复制 3 次这段代码。以此类推。注意，要把原来的 Fish 相应地换成 Fish2、Fish3、Fish4（图 2.7.3）……

写好各段代码以后，要把这些代码都放到嵌套循环里面，让鲨鱼一边游，一边看是否遇到了小鱼。如果遇到了小鱼，那就张开大嘴，吃掉它们！

图 2.7.2　鲨鱼吃小鱼的代码

图 2.7.3　不管有多少条小鱼，都要吃掉它

这里还有一行代码："广播 Fish *n*" 它是干什么用的?

2.8　对象之间的通信与协同

鲨鱼倒是确实在吃小鱼，可是被鲨鱼吃掉的小鱼依然活得好好的，游得好好的。

这太搞笑了！

2.8.1　对象的独立性

我们又要回到基于对象的编程这个基本概念。

我们前面写的代码都是针对每个角色的，各个角色是相互独立的。这样就造成了上面的搞笑结果：鲨鱼张开大嘴咬了半天，跟小鱼一点关系都没有，因为两者是相互独立的！

这就是基于对象的编程的基本思想，每个对象的代码是独立的，一个对象代码运行的结果不影响其他对象代码的运行。

角色的独立性使得我们容易编写代码和调试代码，而且也使得代码的复用变得简单。但它导致的结果就是角色之间缺乏互动。

怎么解决这个问题？

答案是建立对象之间的通信机制！

2.8.2　对象之间的通信

一般的通信可以有两种方式。

一种是一对一的通信。比如打电话，拨对方的号码，电话接通时就可以通话了。这种通信方式需要各个对象都有一个名字或者号码。

另一种是一对多的通信，比如广播。发消息的人只管发消息，并不关心是否有人听或者谁来听；接收消息的人要主动打开收音机，等待广播消息的出现。但这样还不够，因为广播消息的人在许多频道里广播不同的消息，因此，接收消息的人要主动调到自己感兴趣的频道来接收相应的广播消息。

这两种通信方式各有优缺点。前者需要发消息的人主动拨号，但是消息保密性好，不打扰别人；后者需要接收消息的人主动调频道，但消息没有保密性。Scratch 编程环境里采用一对多的通信机制来建立角色之间的协同。具体地说，鲨鱼广播消息的代码其实就是我们在图 2.7.2 和图 2.7.3 里看到的最后一行代码："广播 Fish""广播 Fish 2""广播 Fish 3""广播 Fish 4"，这是鲨鱼在遇到不同的鱼时在 Fish、Fish 2、Fish 3、Fish 4 这 4 个频道里发出的不同的广播消息。

相应地，不同的小鱼只要在跟自己相关的频道里接收消息就可以了，代码是"当接收到 Fish""当接收到 Fish 2""当接收到 Fish 3""当接收到 Fish 4"。小鱼在自己的频道里接收到鲨鱼发出的广播消息，就表明自己被鲨鱼吃了！

2.8.3　对象之间的协同

现在，我们要在每个小鱼的角色里增加代码，让小鱼接收到鲨鱼发出的消息后自己消失，表示被鲨鱼吃掉了。因此，所谓对象之间的协同就是：一个对象广播消息，另一个对象接收到跟自己相关的消息后进行相应的动作。

当然，小鱼光消失是肯定不行的，水族箱里只有 4 条鱼，很快就会"灭绝"！所以，既要让小鱼消失，也要让小鱼生出来，以维持"生态平衡"！

现在，我们要编写代码来实现鲨鱼和小鱼之间的协同。鲨鱼吃了小鱼后，要广播"鱼被吃了"这个消息，告诉小鱼，你被吃了！

广播消息的代码在黄色的"事件"标签里，选择"广播 ___"这个代码后，单击里面的"新消息"，打开"新消息"对话框（图 2.8.1），输入 Fish 以创建表示角色 Fish 被吃掉了的新消息。当然，在我们的水族箱里有 4 条鱼，要创建 4 条消息，也就是 Fish、Fish 2、Fish 3、Fish 4。这一行代码要放到鲨鱼吃小鱼的代码里（图 2.7.2 和图 2.7.3），在鲨鱼张开血盆大口吃了小鱼后，就发出小鱼被吃的消息。

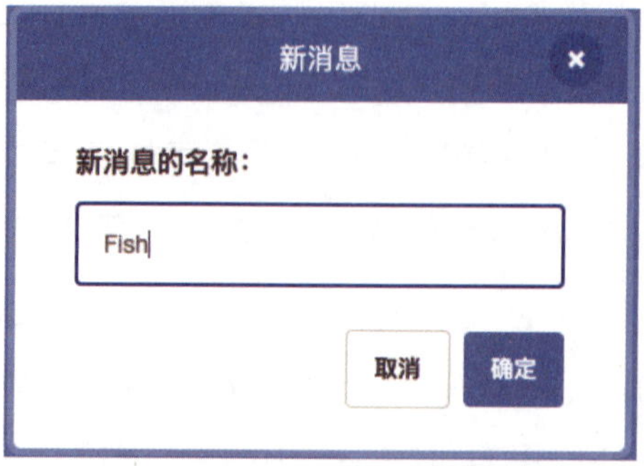

新消息

新消息的名称：

Fish

取消　　确定

图 2.8.1　输入 Fish 以创建新消息

　　小鱼们要在自己的频道里时刻接收消息，一旦鲨鱼在自己的频道里发出消息，就表示自己被鲨鱼吃掉了。被吃掉了当然就消失了，所以，当接收到鲨鱼吃小鱼的消息后，第一行代码就是"隐藏"，小鱼消失了！

　　不过，光让小鱼消失也不行，还要让小鱼重新生出来！

　　于是，等一段时间，小鱼无中生有地生出来了。在小鱼被吃掉 10 秒后，一条新的小鱼出生了。刚出生的小鱼很小，然后它慢慢长大，代码很简单（图 2.8.2），你看懂这段代码了吗？

　　我们在 1.6 节提到要养成良好的编程习惯，上下排列的代码表示按顺序执行。由于我们在小鱼的代码里用了无限循环，下面不能再接别的代码，因此，我们要把 Fish 这个消息触发的代码放在原来代码的右边，而不能直接放在无限循环的下面。

　　小鱼在逐渐长大。

　　可是，也有许多小鱼还没有长大就被鲨鱼吃了。

　　鲨鱼吃小鱼的场景如图 2.8.3 所示。

图 2.8.2 　小鱼被吃掉后又出生、长大的代码

图 2.8.3 　漂亮的水族箱里正在吃小鱼的大鲨鱼

　　鲨鱼吃光小鱼后吃什么？螃蟹、海星还是水母？到底怎么样，剧本要看你们自己怎么写。我觉得螃蟹和海星有壳，不好消化；而水母可能有毒。当然，吃了这些有壳的、有毒的食物，鲨鱼也会消化不良甚至有危险。所以，我就不

让鲨鱼碰这些生物了。

我增加了一段背景音乐，现在变成了音乐水族箱。代码在这里：

https://www.scratch-cn.cn/project?comid=5f5900ef364d560abc0b49b5

2.9　中止无限循环

水族箱做好了，有许多漂亮的小鱼在游来游去，还有螃蟹、海星、小水母以及大 Boss——吃鱼的大鲨鱼。水族箱里上演着小鱼们生生死死的故事，多精彩的水族箱啊！

现在，和吉祥猫的故事一样，我们也要给水族箱做一个"片尾"。这有点难度，因为水族箱的程序里使用了无限循环、嵌套循环，小鱼永远在游来游去，生生死死，不会停止。这就提醒我们，写代码的时候，在使用无限循环、嵌套循环时一定要非常小心。

当然，无限循环并非不可控制！

我们现在就要学习如何中止无限循环。

当然，这个无限循环不会无缘无故地自动中止。我们一开始就学过鼠标事件和键盘事件，我们可以用鼠标事件或键盘事件来通知程序："停止吧！"

学过了角色之间的协同，现在我们就用这个思想来写新的代码，也就是用一个新角色来接收键盘的输入信号，这样就不用修改原来写好的代码了。

在水族箱的程序里，还有两个角色不是水生动物，没有用上。

对了，是两个潜水员 Diver1 和 Diver2！

我们就用 Diver1 来接收键盘信号，并发出 STOP 的消息。

2.9.1　循环和条件控制之间的配合

鼠标事件和键盘事件的代码非常简单，我们都学过。这里我们要学一个新的接收鼠标和键盘输入信号的方法。

　　在条件控制里，可以使用"如果…那么…"。我们写了"如果碰到鱼，那么吃掉它"，现在把它换成"如果按下空格键，那么发出 STOP 消息"，这样就可以接收键盘输入信号了。

　　注意！这个条件控制代码和事件代码有着重要的区别。条件控制代码和别的代码一样，只执行一次，执行过了就不再执行了；而事件代码则一直在执行，一直在检测着事件的发生。

　　因此，我们要把循环和条件控制结合起来，也就是把检测键盘输入信号的代码放在无限循环内，让程序一直检测键盘，这样，一旦有键盘输入，程序就能够立即响应（图 2.9.1）。这样就等价于键盘事件。如果没有这个无限循环，那么程序只是在启动时检测一次键盘是否有输入，其余时间是不检测键盘的。因此，当你在程序运行一段时间以后按下键盘上的空格键，程序是没有响应的。

图 2.9.1　用一个新的角色来接收键盘输入，并发出消息

2.9.2　角色之间的配合

　　我们让所有的角色都接收 STOP 消息，并在接收到 STOP 消息后做两件事：隐藏自己，并停止运行自己的脚本。一共 3 行代码（图 2.9.2）。

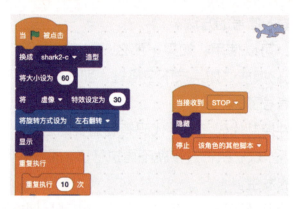

图 2.9.2 接收到 STOP 消息时停止脚本的运行

这样，我们通过所有角色之间的配合实现了所有角色的协同。当按下键盘上的空格键后，脚本中正在执行的无限循环代码就都被中止了。

我们也可以让每个角色都接收键盘输入，然后中止脚本的运行。大家想想这一点怎么实现。

万事具备，只欠"片尾"。我添加了音乐，采用了冰山做"片尾"，表示水的世界全冻住了，没有鱼了，也没有水族箱了（图 2.9.3）。

图 2.9.3 停止全部脚本的运行并进入"片尾"

我们还要把这个水族箱程序分享到 Scratch 网站上，让别人都能看见你做的水族箱。还有，要记得感谢继承的程序的原作者。

水族箱小世界终于完成了！请进，免票参观！

本单元设计的水族箱的链接如下：

https://www.scratch-cn.cn/project?comid=5f5902f6364d560abc0b49c4

2.10　单元小结

在本单元我们学习了许多编程概念，其中最重要的是基于对象的编程。在 Scratch 编程语言中，每个角色都是一个独立的编程对象，背景也是可编程的对象，我们通过对这些对象的编程实现角色的运动、背景的切换等。对象还可以克隆自己，形成可编程的子对象——克隆体。为了使得这些独立的对象能够协同，基于对象的编程建立了对象之间的通信机制，以实现各对象之间的信息交流。

循环语句在编程中很常用，包括有限循环、无限循环以及嵌套循环。大家要注意有限循环和无限循环这两种循环的区别。我们还学习了如何结束无限循环以及循环和条件控制的联合使用，使得任何程序都有始有终。

除了循环，我们还学习了非常有用的条件控制语句"如果…那么…"以及发送和接收消息的语句。这些语句和循环语句联合使用，形成了各种各样的小鱼及其游动以及鲨鱼吃小鱼的动作。

克隆自己和删除克隆体是很好玩的两个语句。我们用这两个语句产生很多泡泡。但是，我们用显示和隐藏来实现小鱼的生和死。这两种方法的区别是：克隆自己可以产生很多个克隆体，而显示和隐藏则只针对一个角色自身，并不增加角色的数量。因此，在需要增加角色数量的时候，用克隆自己的方法；而在不需要增加角色数量的时候，用显示和隐藏的方法就可以了。总的来说，二者的作用相似。

继承和分享程序是 Scratch 的一大特色，也是编程中非常重要的概念。我们把这两个概念放在本单元学习，也是为了强调这两个概念的重要性。现在共享的概念很热，共享单车到处都是。本单元中继承与分享的软件不叫共享软件，而叫开源软件。

　　开源软件是编程中一个非常重要的概念，比如 Linux 就是最早的开源软件之一。网上有许多开源社区，供人们讨论和分享开源软件。开源软件使得我们能够直接利用别人已经编好的软件，站在"巨人"的肩膀上，继续前进。同时，我们自己编的程序也要分享给大家，让别人也能够继续设计出更漂亮的水族箱来。

　　总之，我们要牢记开源软件的原则：感谢与分享。当我们用了别人写的程序，我们要记得感谢原作者。是他们的工作使得我们的编程有一个高起点，提高了我们编程的效率。更重要的是，我们通过继承和分享与别人合作，丰富 Scratch 开源社区，让大家能够编出更好的程序，共同提高。

第 3 单元
人 机 交 互

3.1　导论

　　人机交互其实就是人和计算机如何协调、协同，使得计算机变得越来越好用。这里的计算机是一个很老的名词了，在三四十年前，计算机就是指台式机。现在的"计算机"泛指具有计算和通信功能的一大类设备，包括很老很老的台式机、笔记本计算机、手机、智能手环、智能手表、智能音箱、智能电视，以及各种各样的智能设备。人机交互就是研究如何设计和制造这些智能设备，使得这些智能设备的功能更加强大，更加好用。

　　设计和制造智能设备，首先得考虑设备硬件的设计，包括形状、颜色、屏幕大小、按键位置、按键大小、按键个数等。而屏幕的大小、是否可以触摸以及按键的位置、大小、数量等都要将智能设备的功能和人机交互方式联系在一起考虑。而要考虑人机交互方式，就要根据人的认知能力和认知特性来研究，比如人的眼睛能够看见很小的图标，而人手却不行，触摸屏上比手指小很多的图标人根本就按不上。这样说来，人机交互是涉及计算和通信设备硬件、计算机软件工程、智能算法、人的认知学、心理学、人体工程学等许多学科的综合交叉学科。当然啦，在现代社会里，系统越来越复杂，任何一门学科都是交叉学科，这就是现在大家学习人工智能的原因！将来，无论你在什么领域从事什么工作，都需要了解人工智能。人工智能和编程渐渐地变成了基础学科。

　　既然要讲人机交互，我们就必须考虑人和机器双方的输入输出方式。大家知道自己的输入输出方式是什么吗？

先说人的输入方式。我们有眼睛，这是视觉输入；有耳朵，这是听觉输入；有鼻子，这是嗅觉输入；有皮肤，这是触觉输入，其实皮肤还有痛觉，这个我们不能用作输入方式，痛苦了不行。

这就是我们研究交互的一大原则：交互要使人感到快乐、高效，不能使人感到痛苦。

再说人的输出方式。我们有嘴，可以说话，这是语音输出；有手和身体，会动，人的运动转化的输出有多种，比如直接操作键盘、鼠标、游戏控制器以及触摸屏等，间接的操作有手势、姿势、表情等。

机器的输入输出方式有很多种。传统的键盘、鼠标加显示器、音箱，就能完成计算机的输入输出；现在的智能设备一般用触摸屏、语音输入，用屏幕、声音、振动输出。这些都是和人的感知、认知和身体能力相适应的。而机器要从人的手势、语音来理解人的意思，这就是人工智能。

人机交互就是要研究人和机器之间复杂的输入输出关系以及人的认知和机器智能之间的关系等各方面的因素，从而创造更好用、更智能的机器。

我们现在是用传统的台式计算机或者笔记本计算机学习人工智能和编程，那我们就以交互游戏为例学习人机交互。

一般情况下，爸爸妈妈，还有王老师、李老师、赵老师以及所有的老师，都不让我们玩游戏！

可是，我们学习人机交互、人工智能、编程，自己编个游戏玩，这回爸爸妈妈和老师们都没话说了吧？

不对，不是没话说，是有话说，说鼓励的话啊！

就这样，现在开始，自己编个游戏自己玩！

3.2　交互规划

传统计算机的输入是键盘和鼠标，输出是显示器和音箱，这是交互规划的第一步——交互设备的硬件配置。

交互规划的第二步是软件配置。游戏的种类五花八门，各种类型的游戏也是各领风骚数百天，很快地流行一阵子，新的游戏就又出来了。我们目前只会Scratch 的编程，复杂的大型游戏我们不会做，我们只能编平常玩的小游戏。这些游戏的基本模式都很简单：计时或计分，时间到了或者分数到了就升级。就这样一路闯关，不断提高难度，一直到游戏失败或成功打通最后一关为止。

交互规划的第三步是定义交互方式。语音、手势识别等智能操作我们现在都还没有学。目前，我们只能通过键盘和鼠标的操作来玩游戏，也就是让游戏中的角色跟着光标或鼠标指针走，再加上一些角色的动作，如跑步、跳跃、开枪、开炮等。

交互规划的第四步是设计游戏的角色、画面等。为了让游戏好玩，我们还需要设计漂亮的画面，设计游戏的策略。在对抗性游戏中，还有"陪练"，需要人工智能。这样的"陪练"角色也很有智能，游戏就更好玩了。

当然，要思考的还有很多，比如怎样的游戏才是大家都喜欢玩的、好玩的游戏。

总之，游戏的设计和开发需要很多知识，是一门综合性的技术，开发出一款成功的游戏是一件很不容易的事。尽管如此，万事总有开始，我们现在就开始学习简单的游戏开发，边学边玩。

前面说过，写代码之前要先写故事、编剧本，然后写代码来实现剧本中的故事。同样，游戏开发的第一步，也是最头疼的一步，就是游戏设计！我们该开发什么游戏啊？什么游戏才好玩啊？游戏的主角是小狗、小猫，还是小鱼、小虾，或者是外星人？我们首先需要脑洞大开，设计好游戏的故事；然后大开脑洞，给游戏中的故事设计好各种角色。

这些都比较难，好在我们现在已经会编程了，有基础，可以边干边设计。对，我们还是用前面已经取得成功的办法，"继承"一段脚本，同时也"继承"一个小故事：在水族箱里，鲨鱼吃小鱼，小鱼生生不息！我们把这个故事改变成一个交互游戏，提升游戏的复杂度。

不错，这就是游戏设计的第一步，编写游戏故事：

很久很久以前，在很远很远的海洋里，生活着一条很凶狠凶的大鲨鱼，它是这片海洋的霸王，它游来游去，想吃谁就吃谁。

这片海洋里还生活着许多美丽的小鱼，它们也在海洋里快乐地游来游去。可是，它们都很害怕凶恶的大鲨鱼。

螃蟹和海星是这些美丽的小鱼的好朋友，它们都有硬硬的壳，不能游，只能在海底爬来爬去，所以，它们很羡慕小鱼。

有一天，在小鱼快乐地游动的时候，凶恶的大鲨鱼突然冲了过来，一口就吞掉了一条小鱼！鲨鱼又追别的小鱼去了……这时，鲨鱼前面出现了螃蟹。它举着两个大钳子，紧紧地夹住了鲨鱼。鲨鱼好不容易摆脱出螃蟹，负痛逃跑了。

我们给鲨鱼设置一个初始生命值（3分），作为鲨鱼的生命值。当鲨鱼吃到一条小鱼时，生命值增加一分；当鲨鱼被螃蟹夹了一次，生命值就减少一分；当生命值减到零分时，鲨鱼就死了，游戏结束，玩家输了；当生命值超过7分、11分时，增加小鱼和螃蟹的速度，以提升游戏的难度；当鲨鱼的生命值超过15分时，游戏结束，玩家赢了。

　　我们还要将游戏分成 4 个等级，分别对应 4 个背景，级别越高，游戏越难，包括鱼游动的速度增加，能使鲨鱼减分的水生动物数量增加，一口致死的河豚出现，等等。

　　当然，我们还可以把游戏设计成双人的，一个人用鼠标控制鲨鱼吃小鱼，另一个人用键盘控制小鱼和螃蟹，逃脱鲨鱼的追击，伺机夹它一下。

　　是不是越来越有趣了？

　　那我们赶紧动手编程吧！

3.3　继承和改编

　　设计好游戏的故事以后，我们就可以开始写代码了。

　　这次我们就从自己写的水族箱程序开始编个水族箱游戏自己玩！我们先继承自己的 Aquarium 1 程序。找到我们自己写的 Aquarium 1 程序，在"文件"里选择"保存副本"命令，就得到一个名为 Aquarium 1 copy 的副本（图 3.3.1），把它改名为 Aquarium Game。就这么简单，我们继承了自己写的程序，开始了新的学习旅程。

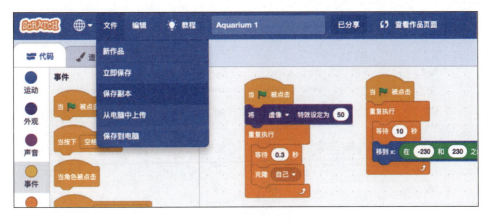

图 3.3.1　通过保存副本继承一个程序

在第 2 单元我们讲过基于对象的编程，意思就是每个对象（角色）的程序都是独立的，也就是为每个角色写一段程序，角色之间的同步通过广播消息和接收消息来实现。比如，当角色鲨鱼吃了名为 Fish 的小鱼以后，就广播 Fish 这条消息。当 Fish 这个角色接收到广播的 Fish 这条消息时，隐藏自己，这样角色 Fish 就消失了。因此，鲨鱼和小鱼这两个角色之间通过广播消息和接收消息实现了同步。这一机制使得角色之间既相互独立又有相互联系，这样的好处是程序简单明了，编写和调试程序都简单。

3.3.1　导入和导出角色

现在回到我们继承的水族箱程序。为了使得游戏更加好玩，我们首先要增加一些角色，但是这个版本的 Scratch 里自带的水下角色不多，鱼只有 4 种。因此，我从以前的版本里导入一些小鱼。具体要分两步走：第一步，在别人的程序里找到你想要的角色，然后在角色上右击，在弹出的快捷菜单中选择“导出”命令，将角色保存到你的计算机里（图 3.3.2 左）；第二步，打开你正在编辑的程序，利用“上传角色”工具导入刚才保存的角色（图 3.3.2 右）。注意，导入角色的时候，会把角色原有的脚本一起导入。

图 3.3.2　导出和导入角色

除了导入外部的角色以外，我还复制了一些角色。复制角色和脚本的方法前面已经讲过了，我想大家都已经会了。

3.3.2　角色分类

我把这些角色分成 3 类：第一类是小鱼，鲨鱼吃了加分；第二类是螃蟹、水母、海星等，螃蟹吃了减分；第三类是河豚（puffer fish），这是"王炸"——剧毒鱼，鲨鱼吃了就玩完！

3.4　变量

现在我们要学习一个新的概念——变量。从字面上看，变量就是数值会变的量。当然，我也知道，这个说了等于没说一样。

变量其实很简单，就相当于你的存钱罐。开始的时候，存钱罐里的钱数是0，然后，你往里放了一元钱，里面的钱数就是 1；后来，你又往里放了两元钱，这样里面的钱数就是 3。有一天你想吃冰棍，从里面拿出两元钱买了一根冰棍，这样存钱罐里面的钱数又变成了 1。变量就是这样数值会变的量。

说了这么多,变量在哪里啊？变量在橘色的"变量"标签里！首先单击"建立一个变量"建立一个名为 Score 的变量，用来存储玩游戏时玩家得到的分数。建立变量以后，"变量"标签里就出现了基于该变量的代码积木（图 3.4.1）。

3.4.1　变量的运算

有了变量，我们就可以进行计算了。首先，我们可以通过 将 Score 设定为 0 把变量 Score 的初始值设为 0，等于说存钱罐里现在没有钱。如果你往存钱罐里放了一元钱，那就可以通过 将 Score 增加 1 把变量 Score 的值加 1；如果你从存钱罐里取出一元钱，那就通过 将 Score 增加 1 把变量 Score 的值增加 −1，也就是钱少了一元。

图 3.4.1　新建的变量 Score 及其代码积木

如果你想要知道存钱罐里有多少钱，买个透明的存钱罐肯定不靠谱，因为钱堆在里面没法数。最好的办法是记账，一看数字就知道存钱罐里面有多少钱了。变量也一样，通过 显示变量 Score 来显示变量 Score 的数值，这样游戏玩家就可以看到自己现在有多少分。

变量最主要的作用是运算，既可以进行加、减、乘、除运算，也可以进行大于（＞）或小于（＜）等比大小运算。比如，有个玩家在玩游戏的时候一次得了 3 分，那么就要这样计算：

$$Score = Score + 3$$

等号右边的 Score 表示玩家原来的分数，他这次得了 3 分，所以将原来的分数加上 3；等号左边表示玩家得到 3 分以后新的分数。这个运算和代码 将 Score 增加 1 本质上是一样的，就是把变量 Score 的数值增加（或者减少）一个数。

对变量要做的最重要的工作是初始化。这个概念我们已经讲过多次了，但是变量的初始化非常重要，所以我们再说一遍：建立变量以后，要立即进行初始化，以免后来用的时候忘了。

你可能觉得，开始的时候，鲨鱼就是 0 分啊，这有什么不对吗？

当然不对！我们一般用 0 分表示没有生命，也就是鲨鱼被螃蟹、海星和水母折磨死了。而在一开始的时候，鲨鱼是鲜活的生命，具有一定的生命值。为了提高游戏的难度，我把初始的生命值设成 3。如果你觉得 3 太难了（太容易死了），那么设成 5 也行吧。我们在 3.2 节设计游戏的时候说过，鲨鱼的初始生命值是 3，所以，我就把 Score 的初始值设为 3。

理论上，你可以把这个初始化代码写在任何一个角色的代码里，都是一样的。但是，为了避免混乱，我就借用还没有用上的角色 Shark 进行数值的初始化和计算（图 3.4.2）。

图 3.4.2　借用鲨鱼角色进行数值的初始化和计算

3.4.2　全局变量

大家看看，刚才这句话："理论上，你可以把这个初始化代码写在任何一个角色的代码里，都是一样的。"有没有问题？

有问题，而且有大问题！

我们在讲基于对象的编程时，一再说这种方法的好处是各个对象是相互独立的，代码互不影响，而对象之间的通信则通过广播和接收消息来实现。这样说来，一个对象的代码里的变量和另一个对象的代码里的变量应该没有关系才对啊。怎么能把变量的初始化写在任何一个角色的代码里呢？

要回答这个问题，我们首先要进一步讲解变量的概念。

在计算机语言里，变量一般可以分成两类：一类是局域变量，另一类是全局变量。局域变量是对象特有的变量，跟别的对象没有关系。比如，对象鲨鱼的代码里有一个变量 abc，其当前的数值是 10；而对象小鱼的代码里也有一个变量 abc，其当前的数值是 20。这对于局域变量来说是完全没有问题的，因为局域变量是对象特有的，各对象的局域变量互不影响。

全局变量在所有的对象里都是一样的，都具有相同的数值。程序运行时，在一个对象里对一个全局变量进行了运算，那么所有其他对象里的同一个全局变量的值都变了。比如，我们有一个全局变量 abcd，当前的数值是 10。在对象鲨鱼里把变量 abcd 加 1，再在对象小鱼里把变量 abcd 加 2，变量 abcd 的当前值就是 13。

在 Scratch 编程语言里，只有全局变量，没有局域变量。

我们从对象之间的协同角度来说，全局变量本质上可以看成对象之间的一种通信或者协同机制。

3.5 交互计算

在游戏中，鲨鱼计分的策略有许多种，我们采用最简单的方法：吃一条小鱼加 1 分；被螃蟹夹一下减 1 分；被海星刺伤也减 1 分；但是，被水母的触手上的刺丝注入毒液，那就危险了，减 2 分；最后还有河豚，吃了它以后直接减为 0 分，GameOver！

　　具体的计分方法我们在 3.4.1 节讲过了，就是通过 这个代码把变量 Score 的值加 1（增加值是 −1 时表示减 1）。如果鲨鱼遇到了河豚，那就把 Score 的值直接设为 0。

3.5.1　整体规划

　　有了计分规则以后，我们就可以对游戏进行整体规划，让游戏变得好玩。我们根据鱼和螃蟹等的数量，把游戏分成 4 级，如表 3.5.1 所示：

表 3.5.1　4 级游戏中各种角色的数量

角　　色	1 级	2 级	3 级	4 级
鲨鱼	1	1	1	1
小鱼	7	6	5	4
螃蟹（海星、水母）	4	5	6	7
河豚	0	0	0	1

　　从表 3.5.1 可以看到，鲨鱼可能会遇到十多个水下角色，有些可以吃，有些不可以吃，而像河豚这样的，更是要躲得远远的。而且，随着难度的提升，鱼越来越少，而螃蟹、海星等越来越多。更要命的是，最后出现了一招致命的河豚。当然，你还可以更进一步提升难度，除了鱼的数量增减以外，还可以随着级别的变化调整鱼的速度，这样游戏就变得越来越紧张，越来越好玩。

3.5.2　基于消息的协同

　　计分的同时，鲨鱼吃小鱼要有动作，小鱼也要消失。因此，我们需要设计一套消息传递机制来协同这些角色。我们设计的消息传递机制在协同各角色的同时，也使得角色的代码比较简单，易于理解和纠错。大家自己写程序的时候也要养成这个良好的习惯，就是通过消息传递机制把代码分散到多个角色里，这样每个角色的代码都很简单，易于调试、纠错等。

消息的种类包括 Eat Fish、Eat Crab 和 E Puller Fish，共 3 种。下面就是这 3 种消息的作用：

（1）Eat Fish：Score 加 1，鲨鱼动作 1，小鱼消失。

（2）Eat Crab：Score 减 1，鲨鱼动作 2，螃蟹（海星、水母、章鱼）消失。

（3）E Puller Fish：Score 设为 0，鲨鱼死掉。

计分的代码最简单，我们在 Shark 角色里实现（图 3.5.1），而鲨鱼的动作代码在 Shark2 角色里实现。要注意的是，鲨鱼吃了河豚以后，被河豚毒死了，分数直接减为 0 分，实现的代码是"将 Score 设为 0"，从而触发 GAME OVER。

图 3.5.1　鲨鱼计分代码

因此，我们通过这 3 个消息的传递实现了小鱼、Shark、Shark2 这 3 个角色的协同。同时，也通过消息传递机制体现了代码简洁的思想：一方面，计分代码很简洁，不会记错分；另一方面，这些接收消息的代码在 Shark 和 Shark2 里是一致的，其中，Shark 里的代码用来计分，而 Shark2 里的代码用来切换鲨鱼的动作，易于理解。

3.5.3 对象内的消息传递

由于现在水族箱里鱼和螃蟹等的数量大大增加，我们在每个水下角色的脚本里检查是否遇到鲨鱼，就比在鲨鱼的脚本里检查小鱼等简单很多。因此，我们要把鲨鱼吃小鱼的代码从鲨鱼移到小鱼，也就是在小鱼的角色里写检查是否遇到鲨鱼的代码，如果遇到鲨鱼就发消息；鲨鱼接收到消息后，切换造型吃小鱼。就这样！

小鱼在水族箱里出现，被鲨鱼吃掉，再出现，再被吃，形成生生死死的循环。下面要学习消息传递的新用法：角色内的消息传递。我们在前面学过，消息是在角色之间传递的，由于协同多个角色的动作。本节学习的是如何利用消息在角色内的传递实现角色内、角色间的协同。

我们先看图 3.5.2，单击绿旗子启动程序后，小鱼完成了初始化并广播Fish Start 消息，表示小鱼出生了。角色内的另一段代码接收到 Fish Start 消息（箭头 1）后，让小鱼游起来。这就是对象内的消息广播和接收。这个消息传递机制的使用使得小鱼游动的代码和小鱼的初始化代码分离。

小鱼一边游动一边检测是否遇到鲨鱼（箭头 2），如果遇到鲨鱼就广播Fish 消息，用于计分和使鲨鱼 Shark2 切换造型，然后继续发布 Fish Stop 消息，表示小鱼被吃了（箭头 3）。小鱼接收到 Fish Stop 消息后隐藏起来（箭头4），同时停止游动（箭头 5）。等待 10 秒后，小鱼广播 Fish Start 消息（箭头 6），重新显示并开始游动（箭头 7）。

通过这段代码分析，我们看到，Fish 角色内还有一段代码会发送 Fish Start 消息，也就是小鱼被鲨鱼吃掉以后重新出现在水族箱里。因此，在这个角色里就实现了通过对象内的消息传递来协同一个对象内的多段脚本。

总之，在基于对象的编程中，消息传递是一种非常重要的方法，它可以协同各对象以及对象内的各段脚本。在这个例子中，我们通过多种消息的传递完

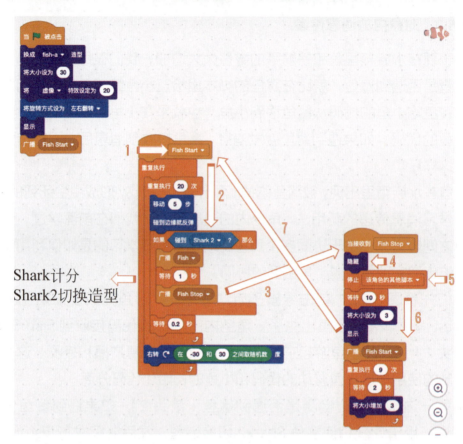

图 3.5.2 对象内的消息传递

成了分数计算、角色的协同和角色内多段脚本的协同。

3.6 交互方法

前面讲了，人机交互首先会受到计算设备硬件的限制。我们这个游戏是针对传统计算机设计的，因此，交互的输入设备只能是键盘和鼠标，交互的方法就是用键盘和鼠标直接控制游戏中的角色。

我们这个游戏是鲨鱼吃小鱼，因此要让鲨鱼听我们的指挥，我们指向哪里，鲨鱼就游到哪里。在目前的条件下，我们有两种交互方法：一是让鲨鱼跟着鼠标指针走，二是用键盘的箭头键指挥鲨鱼游动。鲨鱼边游边吃，就是水族箱游戏。

　　我们前面开发的水族箱程序里，鲨鱼的游动都是自主的，它想往哪里游就往哪里游，不受人的控制，体现在鲨鱼的运动程序里，就是每过一段时间换个随机的方向，如此持续下去，直到程序中断执行时为止。

　　交互游戏则有两方面不同：一是通过交互方法实现人和角色之间的交互；二是根据交互规划，游戏玩者输了或者赢了，都表示游戏结束了，鲨鱼再也不能这样不断地游下去了。

　　在我们的游戏里，从一开始设计交互规划时就已经确定了计分规则。鲨鱼被螃蟹夹或被海星、水母刺了就要丢 1 分；到了 0 分，就表示玩家输了。相反，鲨鱼吃了小鱼就得 1 分，直到 10 分，鲨鱼就升一级；到了 20 分，鲨鱼再升一级。如果鲨鱼减到 19 分就降一级，减到 9 分再降一级。还有更危险的，鲨鱼不小心吃了河豚就会被毒死，分数直接降为 0，游戏就会结束。我们的游戏有 4 级：1~9 分是 1 级，10~19 分是 2 级，20~29 分是 3 级，30~39 分是 4 级；到 40 分，就是玩家赢了。因此，程序执行到 Score＝0 或者 Score＝40 时，要切换到输赢界面，然后结束程序。

　　在这个游戏中，交互的方法是人通过键盘和鼠标直接控制角色。具体实现就是让鲨鱼跟着鼠标指针游，方法非常简单，就是把蓝色"运动"标签里的"面向 ___"这行代码中填入"鼠标指针"，变成"面向鼠标指针"，放到鲨鱼运动的无限循环内，鲨鱼就不断跟着鼠标指针游动了（图 3.6.1）。注意，"运动"的标签里还有一行代码"移到 ___"，如果你填入"鼠标指针"，就变成"移到鼠标指针"，再放到鲨鱼运动的循环内，那鲨鱼就不是游动了，而是直接在水族箱里飞奔，一点都不好玩了。你自己改代码试试吧。改了吗？真的不好玩。

图 3.6.1　鲨鱼跟着鼠标指针游动的代码

　　从这些代码积木可以看出，即使是最简单的交互方法，也有多种实现途径。好了，现在改回"面向鼠标指针"的代码吧，运行！看，鲨鱼跟着你的鼠标指针运动了！

　　现在再看这些小鱼和小螃蟹。根据表 3.5.1，Level 1 的时候，有 7 条小鱼，4 只螃蟹（包括海星、水母），但是没有河豚。首先，我们要把图 3.5.2 所示的代码复制给所有的小鱼，让 7 条小鱼都游起来。当然，特别要注意，角色不同，消息也不同！因此，复制代码以后，收发的消息要做相应的修改。如图 3.6.2 所示，角色 Fish1 收发的消息改为 Fish1 Start 和 Fish1 Stop。消息 Fish 是发送给鲨鱼的，不用修改这个消息。

　　还有，小鱼游动的参数可以改一下，让小鱼的游动多样化，这样更好看。就这些了，我们运行程序试试，让小鱼都游起来吧！

　　小鱼已经游起来了，螃蟹等也要上场了。我们开始写水族箱的代码时，海星、螃蟹的运动是在海底爬行，我们现在仿照小鱼的代码，为海星加上消息，使得海星能够和鲨鱼通信，让鲨鱼减分。改写后的代码如图 3.6.3 所示，海星在海

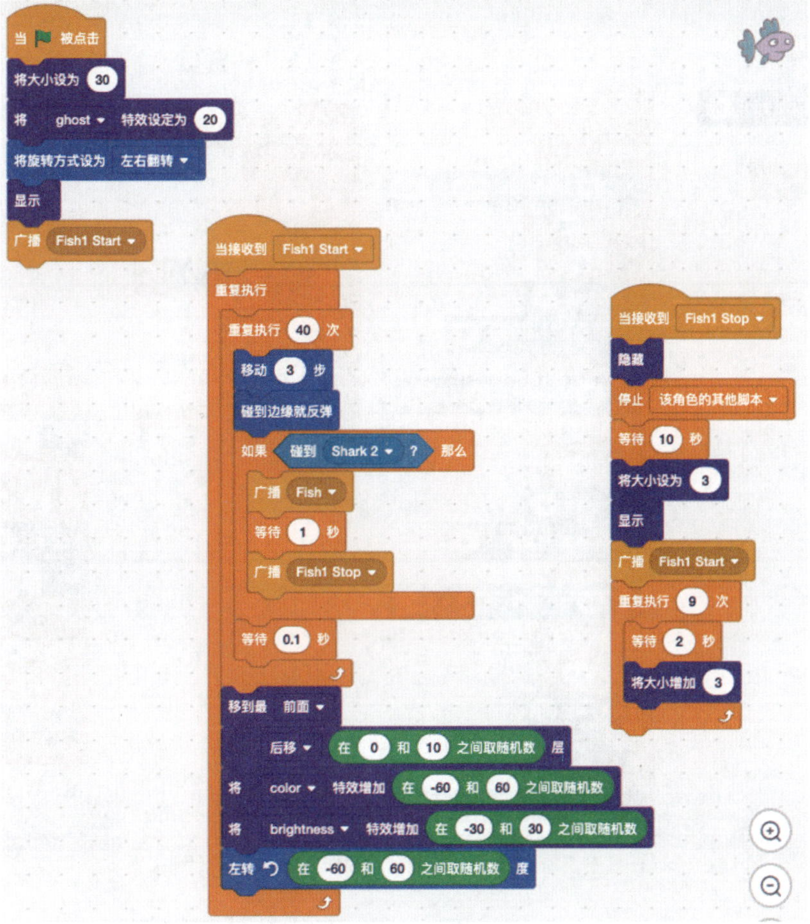

当 ▶ 被点击

将大小设为 30

将 ghost ▾ 特效设定为 20

将旋转方式设为 左右翻转 ▾

显示

广播 Fish1 Start ▾

当接收到 Fish1 Start ▾

重复执行

重复执行 40 次

移动 3 步

碰到边缘就反弹

如果 碰到 Shark 2 ▾ ？ 那么

广播 Fish ▾

等待 1 秒

广播 Fish1 Stop ▾

等待 0.1 秒

移到最 前面 ▾

后移 在 0 和 10 之间取随机数 层

将 color ▾ 特效增加 在 -60 和 60 之间取随机数

将 brightness ▾ 特效增加 在 -30 和 30 之间取随机数

左转 ↺ 在 -60 和 60 之间取随机数 度

当接收到 Fish1 Stop ▾

隐藏

停止 该角色的其他脚本 ▾

等待 10 秒

将大小设为 3

显示

广播 Fish1 Start ▾

重复执行 9 次

等待 2 秒

将大小增加 3

图 3.6.2　收发的消息要根据角色做相应的修改

底爬行的代码没有变，只是改变了启动代码。这样，消息 Starfish Start 同时启动了图 3.6.3 中间的两段脚本的运行，而"停止该角色的其他脚本"也同时停止了这两段脚本的运行。另外，我用 Starfish 这个消息来表示鲨鱼遇到海星了，要减 1 分，即用于海星和两条鲨鱼之间的通信。要特别注意的是，螃蟹和水母也要用这个消息和两条鲨鱼通信。

小博士学人工智能与编程

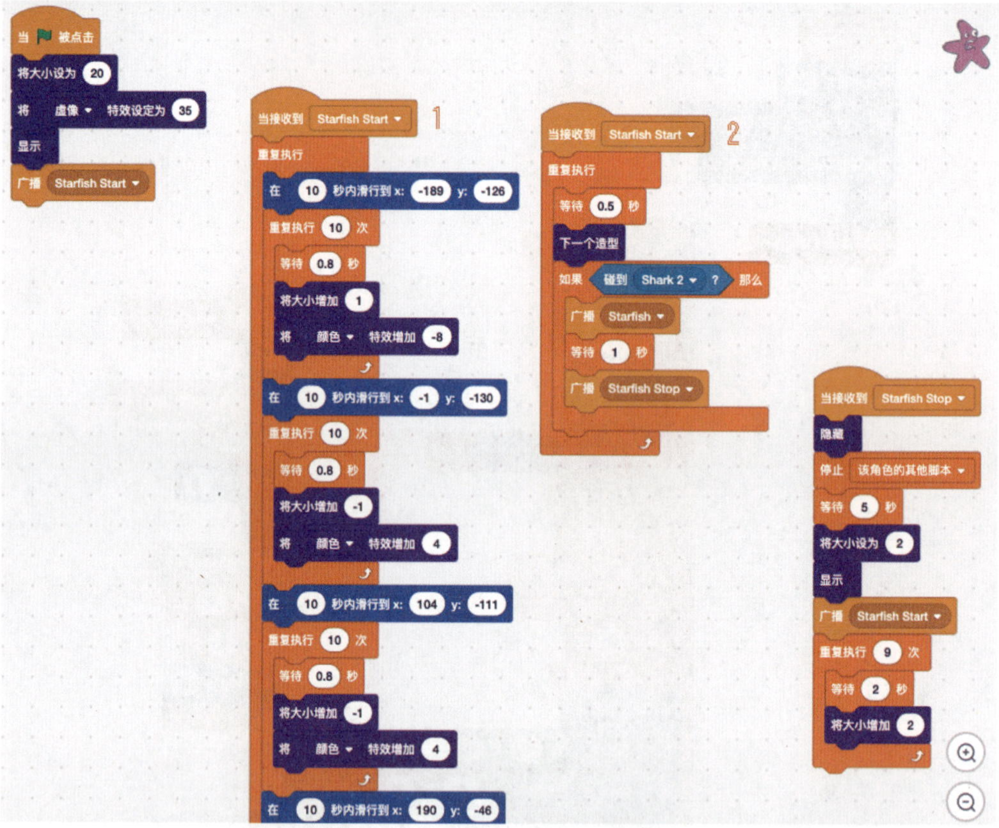

图 3.6.3　仿照小鱼的代码修改海星的代码

我们现在有了鲨鱼、小鱼和螃蟹，也有了分数，可以开始玩了！

现在的代码越来越复杂了，我先把代码分享一下：

https://www.scratch-cn.cn/project?comid=5f5a356730677a15b863de24

3.7　交互规则

有了交互规划和交互方法以后，我们还要制订交互的规则，使得交互在一定的规则内进行。事实上，需要考虑的规则有很多。首先，我们采用的是基于鼠标的交互，鼠标的移动速度是否影响角色的运动速度？其次，如何确定鲨鱼遇到小鱼、螃蟹时的得分或失分？如果鲨鱼遇到螃蟹，螃蟹可以夹鲨鱼的任何地方，因此鲨鱼一遇到螃蟹就会受伤失分；但是，这个规则并不适用于鲨鱼遇到小鱼，因为，只有当鲨鱼头遇到小鱼时才可以吃掉小鱼，但鲨鱼尾遇到小鱼时就无法吃小鱼，因此，需要考虑新的规则。

还有，奖罚规则也需要考虑。比如，鲨鱼在 1min 之内吃了 3 条小鱼，就奖励 1 分；如果鲨鱼在 3min 之内一条小鱼也没有吃到，那就罚掉 1 分。还有我们前面讲的升降级规则等，有许多交互的规则需要制订。

我们现在刚开始学习人工智能和编程，先制订最简单的规则。学会以后，我们再修订规则，使其更加具体，更加符合交互的实际情况。现在，具体的交互规则如下：

（1）鲨鱼只跟着鼠标指针走，而且速度不变，即鼠标的移动速度不影响鲨鱼的运动速度。

（2）按键盘的任意键都不影响鲨鱼的运动。

（3）只简单地通过两个角色之间的距离判断两个角色是否接触，不做鱼头和鱼尾的判断。

（4）玩家的状态取决于玩家的分数。我们根据玩家的分数把游戏分成 4 级，加上游戏输、赢，共 6 种状态。当玩家处于不同的状态时，角色的数量和移动速度不同。

3.7.1 规则的实现

交互规则制订好以后，我们要在整个游戏中实现这个规则。

在写代码时，我们反复用到了广播消息和接收消息。我们知道，消息的作用是全局的，可以在所有的对象之间传递消息，协调全局。现在我们的交互规则之一是：鼠标的运动是相对于角色的，不用全局同步。但是，交互规则中基于分数的游戏升降级则是全局同步的。我们需要一种新的方法来实现这个新的交互规则！

前面提到过，我们现在学的是基于对象的编程，就是为每个对象（角色）都写一段代码，对象的代码是局域的，对象之间互不干扰。这样做的一个好处是调试方便。比如，如果鲨鱼的代码错了，只是鲨鱼游不起来了，完全不影响小鱼、螃蟹等的运动。另一个好处，我相信大家都体会到了，就是代码的复用。把一条小鱼的代码复制给另一条小鱼，把一只螃蟹的代码复制给一只海星，如此等等，使得我们在编程时省了很多重复的工作。

这个基于对象的编程也带来了一个大问题，就是各个对象（角色）是相互独立的，没有联系，不能协调行动。为了改变这种局面，在程序中设计了一种机制，用于对象之间的通信，协调各对象的行动，这就是消息和变量。消息的传递实际上有两种形式：一种是一对一的传递，就是跟打电话一样；另一种是一对多的传递，也就是广播，一个人说，很多人听。这个游戏采用的是广播的形式。当鲨鱼到了设定的分数，就广播 GAME WIN 这个消息。同一个程序里别的对象（角色）接收到这个消息后，纷纷让自己停止运动。变量也是全局的。若一个变量在某个对象里由于被赋值而改变，那么所有的对象都可以使用该值。

因此，基于对象的编程实际上有两部分：一是对象特有的局域代码，二是跨对象的全局消息和变量。我们给各对象（角色）写的代码都是局域的，只适用于该对象。对象通过代码中含有的全局消息和全局变量来实现对象之间的通信和协同工作。

3.7.2　规则与状态

现在我们根据上面说的规则来实现游戏的升级、降级。首先是建立各级相应的消息。还记得我们是在鲨鱼角色里进行分数计算的吧？对了，我们就在鲨鱼的代码里根据当前的分数发送游戏级别的消息 Level 1、Level 2、Level 3、Level 4（图 3.7.1）。具体的实现很简单，就是到一定分数后发送相应的消息。从这段代码可以看到，基于对象的编程的实现很简单，全局消息很好用，使编程思路很清晰。

图 3.7.1　根据分数发送游戏级别的消息

　　根据表 3.5.1，游戏的升降级会导致游戏中角色数量的增减，水族箱背景也要有的变化，这样用户才能知道游戏升级或者降级了。我们前面说过，背景也是一个可编程的对象。因此，切换背景的代码就在背景这个对象里，非常简单。背景接收到消息，切换到相应的背景就可以了（图 3.7.2）。你可能已经看出来了，背景不够用！缺一个游戏结束的背景！我们要在 3.8.1 节专门做一个显示输赢的游戏结束的背景。

图 3.7.2　基于消息的背景切换

　　系统状态的改变告诉玩家是人机交互的一个重点。根据规则的状态改变，要通过某些显著的变化让用户觉察到。在这个游戏里，系统状态的改变是通过水族箱背景的改变告诉玩家的。在我们的日常生活中，手机收到呼入信号时，系统就通过声音、振动以及画面提醒用户系统的状态改变了。

3.7.3　规则与角色

　　我们通过背景的变化通知用户系统的状态改变了，现在我们要制订更进一步的规则，使得基于规则的状态改变最终体现在角色的状态和数量的变化上。比如，河豚出现和消失的规则是：4级出现，3级消失。这个角色的规则比较简单，只是出现和消失。其他的角色还可以考虑不同状态下的运动速度等。

　　我们从最简单的河豚入手，开始写它出现和隐藏的代码。河豚只在最后一级出现，在其他级都处于隐藏状态，因此，我们只需要在第 4 级召唤它出来，在第 3 级赶它回去就行了（图 3.7.3）。

　　现在我们用同样的办法写小鱼和螃蟹的代码。小鱼在第 1 级先全部出场，然后，每升一级，就减少一条小鱼，也就是第 2~4 级各减少一条小鱼，我们就依次用 Fish2、Fish3、Fish4，其余 4 条小鱼不变。

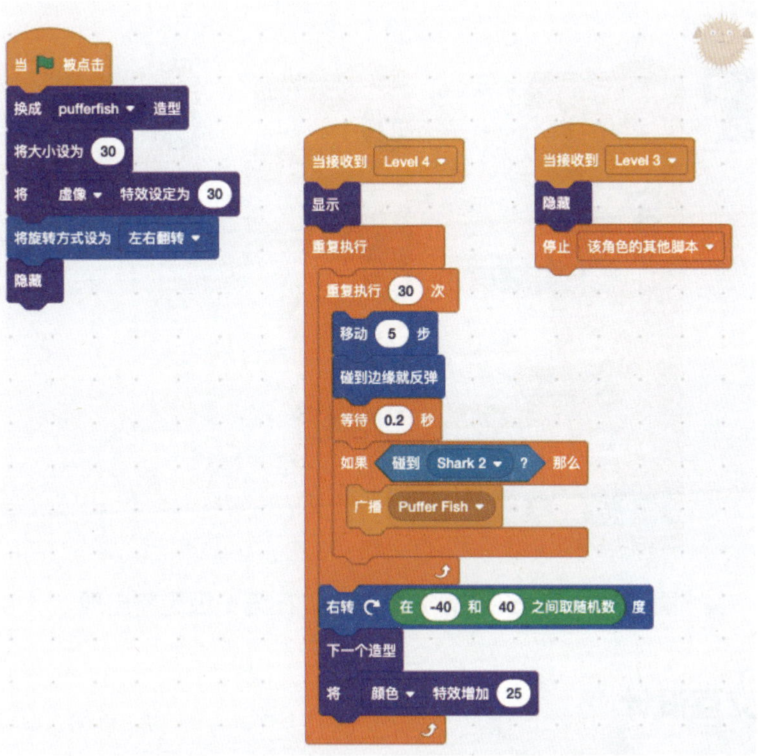

图 3.7.3 河豚在第 4 级出现，在第 3 级消失

先写 Fish2 的代码。当升到第 2 级的时候，Fish2 消失，其代码和河豚消失的代码是一样的。但是，当降到第 1 级的时候，代码非常简单（图 3.7.4 红框内的代码），实际上只需要发送一条 Fish2 Start 的消息，Fish2 就复活了。

把红框内的这两段代码复制给 Fish3、Fish4。当然，这些代码里的参数要修改。不过，我确定，你肯定会修改这些参数的！

到目前为止的代码在这里：

https://www.scratch-cn.cn/project?comid=5f5a3687364d560abc0b5717

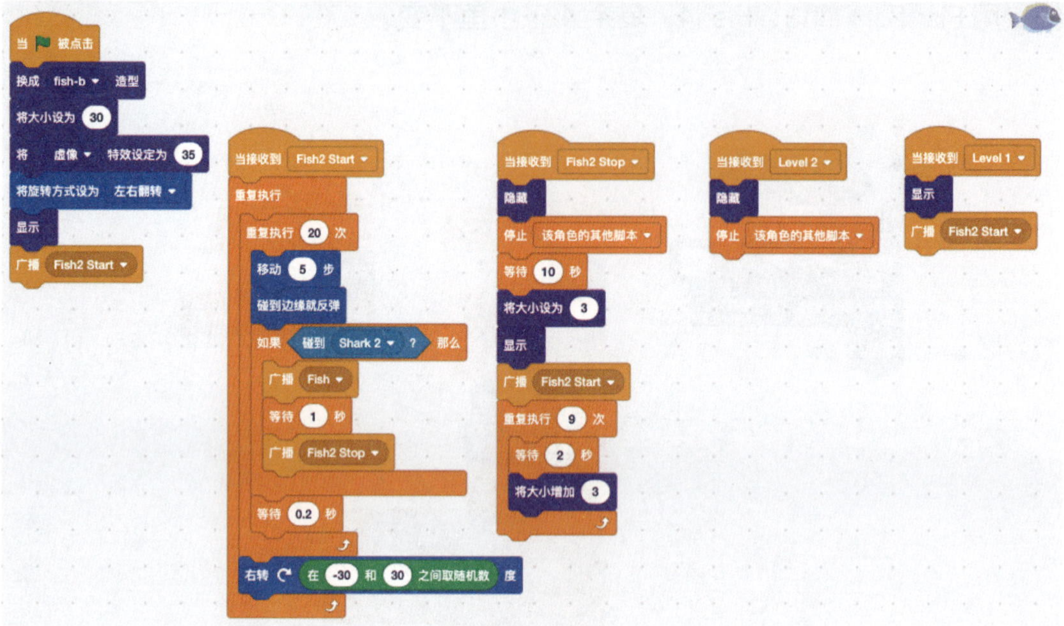

图 3.7.4　Fish2 在第 2 级消失，在第 1 级重新出现

3.8　交互设计

Scratch 提供了丰富的关于角色运动的代码积木，我们通过这些代码积木就可以写出代码，实现角色的运动。从吉祥猫开始，我们学会了让角色进行多种运动，也学会了切换背景。另外，我们还通过改变外观的方法实现了角色的变化，如改变小鱼的大小，让小鱼逐渐长大。对于有多个造型的角色，我们通过切换造型使得角色的运动更加逼真，我们还通过切换造型实现了鲨鱼吃小鱼的动作。总之，我们通过"运动"和"外观"这两个标签下的多种积木写出代码，实现了角色的各种各样的运动与变化。

但一直以来，我们使用的角色、背景都是 Scratch 程序自带的。现在，我们要学习自己创建角色，这样，当我们的游戏需要更多的角色时，可以自己创建新的角色来满足游戏开发的需求。

在 3.7.2 节我们写了游戏升级、降级代码，现在我们要考虑游戏如何结束，也就是玩家的分数是 0 和 40 这两种特殊的状态。

首先，我们需要设计两个新的角色，出来告诉玩家：你输了（或赢了），游戏不能再玩了。当然，Scratch 里并没有现成的宣布游戏结束或者游戏输赢的角色，我们需要自己创建。

其次，还要告诉鲨鱼、小鱼以及螃蟹、海星等，统统立即停止活动！

最后，我们还需要设计输赢两个背景。

3.8.1　交互背景设计

因为我不会画画，画不出好看的游戏结束背景画面，就选了两幅 Scratch 里现成的图片，一圆一方的几何图案（图 3.8.1）。你们如果有好想法，学过绘画，可以画一个很漂亮的游戏结束背景画面。

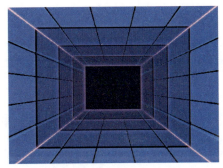

图 3.8.1　游戏结束的背景画面

舞台是供角色运动的场所，本身不是角色，也不会运动。这一点体现在代码积木里就是舞台的"运动"标签下没有运动积木（图 3.8.2，红色框）。此处为"选中了舞台：不可使用运动类积木"。简单地说，背景可以切换，但是它不会动！切换背景很简单，我们前面已经学过了。现在要同时停止播放音乐，代码如图 3.8.2 的中间所示。程序现在有 6 个背景了。

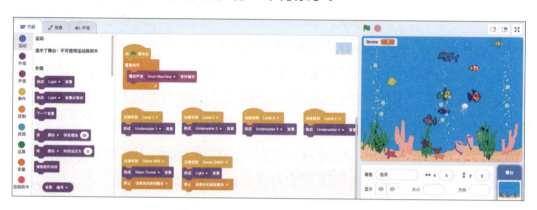

图 3.8.2　舞台没有运动积木

其实，从吉祥猫开始，我们就使用了切换造型的方法，在 2.7 节，我们学习了如何切换鲨鱼的造型来实现鲨鱼吃小鱼的动作。要切换造型，首先要有多个造型，比如鲨鱼有 3 个造型，吉祥猫有两个造型，"片尾"的那个跳舞女孩有 4 个造型。

说了这么多，到底啥意思啊？

意思就是，我们也能采用切换的方法使舞台的背景动起来，也就是画多个画面，通过切换这些画面来表示运动。对了，这就是动画！实际上电影、电视也是这样的，都是将一系列不动的画面连续播放，看上去就是在运动。赶紧动手试试吧！

3.8.2　交互角色设计

交互角色的设计包括设计角色的形象和运动。角色的形象设计需要专业的美术知识和技能，但我们可以在代码中改变角色的大小、颜色等属性。关于角色的运动设计，我们从一开始的吉祥猫运动到小鱼运动，已经设计过多种运动方式了，也写过许多代码了。现在我们更进一步，让角色的运动随着交互状态的改变而改变。我们以游戏结束为例，实现随着状态变化的交互角色设计。

　　首先，切换到游戏结束的背景后，我们要让所有角色都停止运动并消失，实现起来也就是 3 行代码（图 3.8.3）：监听 GAME OVER 信息；隐藏角色；停止当前脚本的运行。

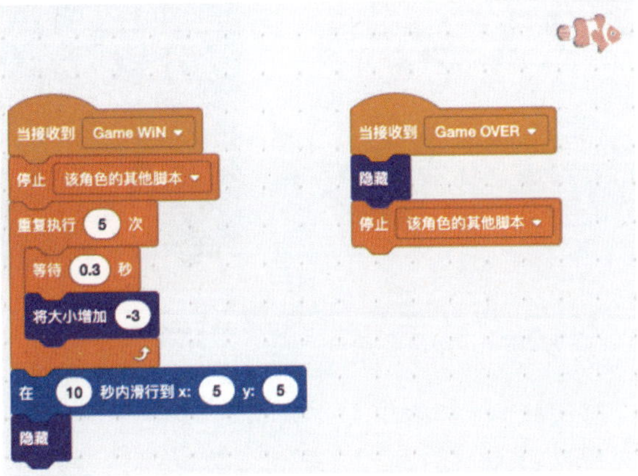

图 3.8.3　游戏结束时小鱼停止运动并消失

　　其次，赢了游戏的情况要复杂一些，因为我们要庆祝一下！我采用图 3.8.1 中右边的方形图案做游戏赢了的背景。当脚本监听 GAME OVER 消息时，我们的交互角色设计是让角色配合交互环境的改变：首先让角色停止运动，然后快速变小，并滑向中心。播放出来的结果就是这些小鱼和螃蟹等被中间的黑洞吸进去了，很酷的！

　　注意，每个角色都要这样消失，所以要把这两段代码复制给所有的角色。再次注意，是所有的角色，包括气泡。而且，它们在接收到 GAME WIN 消息后，要和接收到 GAME OVER 消息一样直接消失。要不然，只有这条小鱼消失了，其余的小鱼和螃蟹都还在游泳，气泡也在不断上浮，就尴尬了。

运行一下吧，看着小鱼等被黑洞吸走，很有成就感噢！

小鱼等被黑洞吸走消失后，我们要告诉玩家输赢！可以直接显示文字（图 3.8.4 上）。也可以创建两个新的交互角色，再把角色加入画面中（图 3.8.4 下）。

图 3.8.4　游戏结束画面设计

最后，我们为这两个角色写几行代码，让它在小鱼等消失后出来（图 3.8.5）。

图 3.8.5　小鱼等消失后，新的角色出现表示游戏结束

好，水族箱游戏完成了！

代码在这里：

https://www.scratch-cn.cn/project?comid=5f5a377c364d560abc0b5723

3.9　双人交互

现在这个游戏只有鲨鱼追着小鱼吃，小鱼不能跑，螃蟹、海星、水母也不能追，这很不公平！

小鱼在鲨鱼追上来的时候怎么办？当然是逃命啊！还有螃蟹、海星、水母，它们也可以攻击鲨鱼啊！为了公平起见，螃蟹等应该可以追上去围攻鲨鱼！

这就是双人交互，一个人用鼠标指挥鲨鱼吃小鱼，另一个人用键盘指挥螃蟹、海星、水母攻击鲨鱼！

3.9.1　双人交互设计

游戏现有的交互方式是一个人用鼠标指挥鲨鱼吃小鱼，它不小心遇到螃蟹、海星、水母时，会受到它们的攻击而受伤。现在，我们把水族箱游戏扩展成双人交互游戏，增加一个玩家，用键盘指挥螃蟹等攻击鲨鱼。这样，鲨鱼吃小鱼受困难了，战斗越来越剧烈了！

这个游戏里的螃蟹、海星和水母一共有 7 只，其中有 3 只是随着游戏的升级出现的，而另外 4 只是游戏一开始就有的。因此，我们的双人交互设计是：第二个玩家用键盘指挥的核心力量——最初的 4 只螃蟹、海星和水母进攻鲨鱼；至于随着升级出现的另外 3 只螃蟹等，它们是临时演员，不是核心力量，任其自由发挥。

确定了键盘交互，我们还需要进一步设计用键盘上的哪些键来交互，要使得基于键盘的交互方便、易学、好记、高效。其实，要同时实现这些交互的目标是挺不容易的。

我们平时用键盘（图 3.9.1）的时候，左手 4 个手指放在键盘的 A、S、D、F 这 4 个键上，我们就用这 4 个键分别指挥 4 个角色，一个键对应于一个角色。在交互时，按其中一个键表示选择了这 4 个角色中的一个角色。右手用 J、K、L、I 这 4 个键控制角色的运动方向，让它们尽量靠近鲨鱼。其中，J 控制角色向左运动，L 控制角色向右运动，I 控制角色向上运动，K 控制角色向下运动。当然，也可以用 4 个箭头键来指挥角色。

图 3.9.1　键盘

用 J、K、L、I 这 4 个键和用 4 个箭头键的区别是什么？其实没区别，大家仔细看一下键盘，J、K、L、I 这 4 个键的布局和 4 个箭头键的布局是一样的。

3.9.2　双人交互实现

　　双人交互实现的代码比较简单，我们还是用消息机制来实现，只不过现在发消息的是玩家，不是程序里的角色。当然，我们也是在黄色的"事件"标签里找消息接收积木，就是"当按下 ___ 键"。对于螃蟹而言，就是当接收到 F 键被按下这个消息后，立即检测 J、K、L、I 这 4 个键（或 4 个箭头键）哪个被按下了，螃蟹转向相应的方向。看一下代码（图 3.9.2），中间我加了由"重复执行 5 次"和"等待 0.2 秒"组成的循环，也就是说，按下 F 键后，一秒之

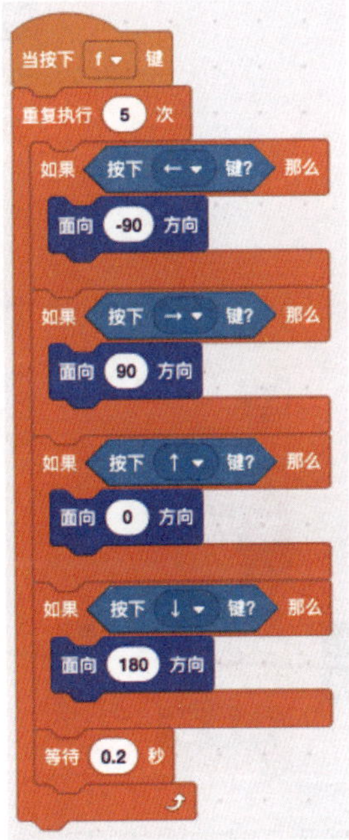

图 3.9.2　控制角色方向的代码

内按方向键都有效。这个循环非常重要，如果没有这个循环，程序接收到 F 键按下的消息后，就会极快地检测方向键是否已经按下，快到玩家根本来不及按方向键。

我们要把这段代码复制给所有的螃蟹、海星、水母角色，其中螃蟹和海星是在海底爬行，要改成自由移动。这段代码除了第一行接收的字母（A、S、D、F）不一样以外，没有其他参数需要修改，所以，将这段代码复制给别的角色以后，只要改一下第一行接收的字母就可以了。水母的代码如图 3.9.3 所示，最右边的就是这次增加的代码，其余的都没有动。

图 3.9.3　章鱼的代码，最右边的是新增加的人机交互代码

最重要的是，我们又学习了一个重要的写代码技巧，也就是消息不但可以来源于程序内部的对象，而且可以来源于键盘、鼠标等人机交互设备。当然，游戏操纵杆也是人机交互设备。

这段简单的代码使我们的程序从简单的单人交互游戏变成了双人交互游戏。

3.9.3　双赢的双人交互

现在的游戏是两个人玩的双人交互游戏！一个人用鼠标指挥鲨鱼吃小鱼，另一个人用键盘指挥螃蟹等追鲨鱼！

游戏还有一个大漏洞！

双人交互游戏结束时，要么是鲨鱼赢了，要么是小鱼和螃蟹等赢了，所以，游戏结束时都会显示 GAME WIN，这真是奇怪的"双赢"！

我们要改一下游戏结束的设计，无论谁赢了，都先让角色消失，再显示是哪一方赢了。这一段我们用 Fish WIN 和 Shark WIN 两个消息来实现，代码是一样的（图 3.9.4）。

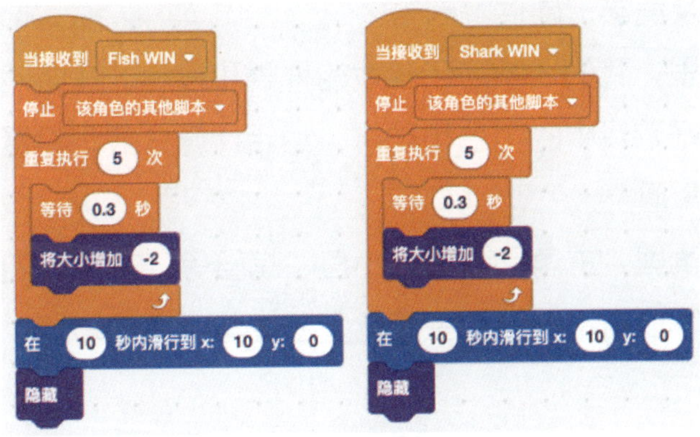

图 3.9.4　修改后的游戏结束代码

这样就完美了！现在就开始玩吧！

我们的双人交互游戏写好了，现在可以分享出来，让小朋友们一起玩游戏了！游戏代码的链接如下：

https://www.scratch-cn.cn/project?comid=5f5a3a06364d560abc0b573e

3.10 单元小结

在本单元里，我们学习了交互的概念，知道了人机交互是智能设备的重要功能。为什么重要？因为所有的智能设备都是给人用的，简单方便、容易学习、容易上手的智能设备就是好设备。换言之，人机交互设计得好，用的人喜欢，是智能设备走向成功的第一步，也是最重要的一步。同时，智能算法是人机交互的基础。各种智能交互，比如语音交互需要语音识别和理解，手势交互需要手势识别和理解，等等，都需要智能算法。因此，交互和智能两者相辅相成。

除了智能算法以外，人机交互还要考虑人的因素，包括人的认知能力、人的运动能力，以及美学、硬件等因素。

在这个单元里，我们还学习了游戏的种类和设计。在游戏设计中，讲好游戏的故事，设计好游戏中的角色和动作，然后计算分数，设置升降级和输赢的标准，这些都非常重要。

在我们的游戏里，主角是鲨鱼和小鱼、螃蟹等。在危机四伏的海洋里，鲨鱼吃小鱼，螃蟹等攻击鲨鱼，生生死死，发生着无数的事情，这就是我们这个游戏的故事。

讲好故事后，我们就开始写代码了。本单元的代码也是继承来的，不过是继承了我们自己在第 2 单元写的程序。我们之所以在本单元再次强调继承，是因为现在写代码，有许许多多现成的程序可以用，比如各种库函数、类库等，所以，在写代码时一定要注意找现成的各种库或函数，这样才能使得程序写得又好又快。

在本单元中，我们新学的概念是变量，这个概念是编程中最重要的概念，不是之一！因为只有定义了变量，才能进行计算。在本单元，我们看到，即使是加一减一计分这样非常简单的计算，也需要变量的参与。随着变量而来的是新的算式：

这个算式表示变量 Score 的值加上 3，再存回变量 Score 里。这个算式实际上就是将变量的值增加 3，等价于计算积木 将 Score 增加 3 。编程的时候，经常采用这种形式表示变量数值的变化。

在这个游戏里，交互就是用鼠标控制鲨鱼的运动，用键盘控制螃蟹等的运动。我们先让鲨鱼跟着鼠标运动，然后又让螃蟹等根据箭头键指定的方向运动。总的来说，我们学会了用鼠标、键盘操作游戏中的角色，使得游戏中的角色按照我们的控制运动，这样就变成了基于鼠标和键盘的双人交互游戏。

在本单元中，角色的数量增加了，角色之间的关系更加紧密、复杂了，角色之间有了多种互动，如鲨鱼被螃蟹夹了，或者鲨鱼吃了小鱼。随着游戏的进展，背景也不断变化，出现了背景和角色之间的互动。这种角色和角色之间、角色和背景之间的互动又称为同步、协同。因此，本单元我们反复强调了基于对象的编程这个概念，也不断学习了消息的各种使用方法。我们既学习了角色内部各段脚本之间的消息传递，也学习了角色与角色之间、角色与背景之间的消息传递，最后，我们还学习了人机交互中人和角色之间的消息传递。实际上，本单元的一个重要知识点就是学会使用消息。通过消息实现各种角色、事件、背景之间的同步，是基于对象编程的核心功能。

在本单元，我们多次提到了基于对象的编程，提到了局域变量和全局变量。在基于对象的编程中，角色是独立的，角色的代码独立运行，互不干扰。角色之间的通信、协同通过全局信息和全局变量来实现。因此，本单元的主题是通过编写游戏来学习和理解人机交互。

第 4 单元
人 工 智 能

4.1　导论

我们现在进入了智能时代，几乎人手一部智能手机，很多人还有智能手表、智能手环等。那么，什么是人的智能？什么又是人工智能？这些设备里哪些功能体现了人工智能？

要回答这些问题挺困难的。人类对于什么是人的智能也没有一致的回答，或者说有无数种回答，哲学家有哲学家的回答，心理学家有心理学家的回答。其实，大家都是在用自己的智能对自己的智能进行研究，发表了关于自己的智能的看法。这话有点绕，不太好理解，在图 4.1.1 所示的这幅画中，一只手借助于工具画出了另一只手。它形象地表达了这样的人类智能活动：人类的智能借助于工具研究人类的智能。

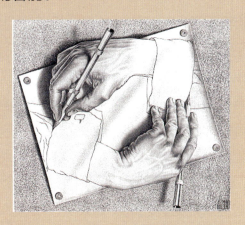

图 4.1.1　画手（M.C.Escher，1948）

人工智能就是人类的智能借助于工具制造的具有人类智能的机器，包括软件和硬件。由于人类自己的智能还有待深入研究，目前很难说清楚，所以，人工智能也很难说清楚，但是，粗略地说，人工智能就是某些具有人类智能特点的功能。

我们现在就从智能手机开始，看看其中哪些功能是具有人类智能的。

手机里最简单、最显而易见的智能是什么？

对，计算器！

计算，即使是最简单的 1＋1＝2 的计算，也是典型的人类智能。手机里的计算器就是一个智能软件！尽管大多数人在讨论人工智能时忽略了计算器，但计算确是人类智能的非常重要的组成部分。这样说来，人工智能在某些方面超越人类智能一点也不奇怪，比如，计算器的计算能力早就超越了人类的计算能力。

说计算器就是人工智能，可能大家有点意外，也有点不服气。那我们再举一个例子——语音识别。现在手机里有许多软件有语音转文字的功能。对人来说，这就是听写能力；而对于机器来说，这就是语音识别功能。听写当然是人类智能的一部分，目前机器做得还不错。如果让机器识别人朗读的古文、唐诗、宋词，机器的得分肯定比绝大多数人高。一般情况下，只要你的普通话比较好，说的是日常的内容，机器识别的正确率还是挺高的。但是，只要一出现生僻的内容，比如名字，机器就很容易出错。这方面机器的智能远不如人类。

从上面这些例子可以看出，人工智能的含义非常广泛，包括的内容也很多。与第 3 单元介绍的人机交互一样，人工智能也是一门新兴的交叉学科。从当前的人工智能进展来看，机器智能的某些方面，比如计算能力，已经超过了人类；而有些方面，比如语音理解能力，还远不如人类。那么，不久的将来，或者遥远的未来，人工智能是否会远超人类智能，或者像科幻电影里展现的那样，人工智能统治人类呢？

　　我的回答是不会，至少是不久的将来不会出现这样的情况。其原因在上面说过了，人类对于自己的智能的理解还有很长的路要走。

4.1.1　智能计算

　　前面说了，计算是人工智能领域里发展得最好的一个方面，也是最简单、最容易实现的智能。但是，计算也是人类智能里最难实现的一部分，对此我们都有体会。从小学开始，每天都有数学课，而且从小学的高年级开始，数学题就变难了。但这还是小意思，到了中学，数学作业是又难又多，每天都做不完。好不容易放个假，作业更多，整个假期都是在赶作业中渡过的……

　　先说个容易的题吧。北京小学六年级作业里有一个题目：给出 6 个整数，要求判断这 6 个数里面哪些是质数，哪些是合数。看上去很容易吧？其实不然，只要给出的数比较大，判断这个数是否是质数就要进行很多计算。当然，上面提到的作业里给出的 6 个数都是两位数，可以把所有两位数中的质数预先背熟了。这样，在考试的时候可以直接判断，不用计算，就快多了。

　　对于超过两位数的数，比如三位数、四位数、五位数等，判断其是否是质数就比较麻烦了，需要大量的计算。不过，这样大的数一般是不会考的。

4.1.2　智能计算示例

　　为了做上面的题，我们先复习一下质数的概念：如果一个整数只能被 1 和它自己整除，那么这个数就是质数。如果一个整数能够被除了 1 和其本身之外的其他整数整除，那么这个数就是合数。根据这个定义，1 既不是质数，也不是合数；2 是最小的质数。但除了 2 以外的所有偶数都是合数。换言之，除了 2 以外的质数都是奇数。质数有许多性质，照这样一直说下去，还可以继续说很多。

要判断一个奇数是否是质数，最简单的办法就是把这个数除以所有小于该数的质数，如果都除不尽，那么这个数就是质数，否则就是合数。不过在这个办法的基础上，还可以再想想，简化算法。

设有奇数 A，那么 A 除以质数就可以表示为 $A/2$, $A/3$, $A/5$, $A/7$, …一直到 $A/X<X$，就完成了质数的搜索，A 就是一个质数。这种方法是根据已经知道的质数寻找更大的质数，一步一步计算下去，就可以不断发现更大的质数。

在我们开始写代码判断大质数之前，先把 100 以内的质数写出来。刚才说过了，为了更快地做题，更好地考试，我们需要记住 100 以内的质数。其实，10 以内的质数很简单，不用背；当然，20 以内的质数也很简单，想一想就能写出来；再背一背，100 以内的质数就解决了。我们把 100 以内的质数全列出来吧：

1~10: 2, 3, 5, 7
11~20: 11, 13, 17, 19
21~30: 23, 29
31~40: 31, 37
41~50: 41, 43, 47
51~60: 53, 59
61~70: 61, 67
71~80: 71, 73, 79
81~90: 83, 89
91~100: 97

终于写完了，一共 25 个，记起来也不难。现在就学习写一段代码，把 10 000 以内的质数都找出来。然后，我们再学习如何判断任意一个三位数、四位数是否是一个质数。

更大的数咱们就不管了，那是科学家们的事。

4.2　计算方法

对于 100 以内的 25 个质数，我们得把它们写到程序里面去，就跟我们背熟了一样，以后计算的时候，就不用判断 100 以内的质数了。如果是 4.1.4 节的那个作业题，判断一个输入的两位数是否是质数，做起来就很简单了：就是把这个输入的数和 100 以内的 25 个质数逐个比较一下。如果输入的数等于其中一个质数，那么输入的数就是质数；否则，它就是合数。

从这个例子可以看出，人工智能的计算完全是模仿人的计算，过程是完全一样的，实际上就是把人的解题过程（人脑的算法）用编程来实现。这是人工智能实现的一种初级方法，简单实用。但更多的情况是人脑的算法无法清楚地描述，在这种情况下，人工智能不采用人的思想，而用机器的算法来实现，比如深度学习。

同时，要实现智能算法，我们还要学习许多编程方法。

我们遇到的第一个问题是如何把这 25 个质数输入到程序里。我们在第 3 单元中学过变量，可以把数值存在变量里。可是，现在有 25 个数值，而且以后三位数、四位数的质数更多，用一个又一个变量来存这些数显然非常麻烦。那怎么办？

数学里把这种很多数放在一起的集合叫作数组，就是在一起的一组数值。数组有大有小，大的数组里面有成千上万个数，甚至更多；小的数组里可能只有几个数。但是，在 Scratch 中没有数组，而叫作列表，其实都一样啦。列表在本质上就是把许多变量放在一起的意思。一个列表里面有许多变量，可以保存许多数据，或者保存一个数组。

那么，变量和变量列表的区别是什么？很简单，一个变量有一个名字，只能存一个数；而一个列表有一个名字，却能存很多数。这样说起来，很简单，列表省下了许多变量名。

我们在第 3 单元学习变量的时候知道了，创建变量就是给变量起一个名字。同样，创建列表时，我们也要给列表起一个名字。但是，麻烦来了，尽管列表有名字了，可是列表里面的变量是不能单独起名字的。这怎么办啊？

办法是有的，列表里面的变量是按顺序编号的，第 1~3 个变量就是列表的第 1~3 项，以此类推，用到多少个变量就是多少项。很方便吧？

4.2.1　数据与列表

数据是人工智能领域里最重要的基础。大量的数据就叫作大数据。大数据的分析和理解需要人工智能，而人工智能的学习训练也需要大数据，两者是相互依存的。在我们的智能计算里，需要 100 以内的 25 个质数数据，才能进行质数判断这个智能计算。

那我们现在就建立一个列表，把 100 以内的 25 个质数都输入进去。

新建一个工程，就叫 Prime Numbers。接下来，我们把工程中自带的角色——Scratch 吉祥猫删除。我们要做作业，不跟它玩了。但是，删除角色以后，就没地方写代码了，所以，真的没有角色也是不行的。而且，我们前面学过了，我们学的是基于对象的编程，没有角色就没有编程的对象了，显然不行。

为此，我们新建一个角色，将它命名为 A（图 4.2.1），然后继续新建角色 B、C、D。我们可能会做多个关于质数的作业，而随着我们不断地做作业，角色就不断增加，使整个程序由多个小程序组成，这样易于维护。

建立角色 A 后，我们与第 3 单元创建变量一样，先建立一个列表，将它命名为 Primes10，用来存储 10 以内的 4 个质数。在列表里存储数值的过程很简单，就是不断重复"在 Primes10 的第 __ 项前插入 __"，一项一项地把质数加入到 Primes10 中。

单击小绿旗，运行代码试试看。结果出问题了吧？列表 Primes10 里有许多无关的项，太多了！

4.2.2　初始化列表

变量需要初始化。同样，列表也是要初始化的，就是在开始存储数据之前，先清空列表（图 4.2.1 中的绿色框）。这样，列表里就不会有别的数据了。

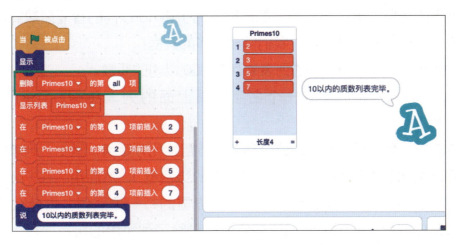

图 4.2.1　角色 A 以及 10 以内的质数列表

初始化是一个特别重要的概念，我们在第 1 单元里就学过这个概念，当时学习的是程序的初始化。现在我们创建了列表，在存储数据之前，也要对列表进行初始化，以保证列表里没有以前运行时遗留下来的数据。

最后，还有一件事。写完 10 以内的质数后，我们要发一个消息，通知别的角色，我们已经准备好 10 以内的质数了。所以，我们建立了一个 10p 的消息，在输入完 10 以内的质数后，发布这个消息。也就是说，角色 A 的程序以发布 10p 这个消息来表示计算结束。

运行的结果如图 4.2.1 右边所示。列表其实就是一个表格，Primes10 是这个表格的名字，左边黑色的 1、2、3、4 是表项序号，右边的数字是我们输入到表格里的数值，就是用"在 Primes10 的第＿项前插入＿"这行代码输入的，可以是数值、文字等，反正是你在代码里输入什么，表格里保存的就是什么。最下面的"长度 4"表示这个表格一共有 4 项。

4.2.3　更多的数据

更多的数据永远是智能算法的基础。为了将 10 以内的智能质数算法扩展到 100 以内的智能质数算法，我们需要更多的数据！

现在我们要建立一个新的列表来存储 100 以内的质数。

第一步，为新列表取一个名字，跟上面的列表类似，我们称之为 Primes100。

第二步，写一段代码，对这个列表进行初始化并赋值。其中，列表初始化就是删除列表里的所有项目（图 4.2.2 中的绿色框），然后用"在 Primes100 的第＿项前插入＿"这个代码积木给列表里的每一项赋值。为什么要用这个插入数值的积木？因为我们在初始化时删除了列表里的所有项目，这样刚

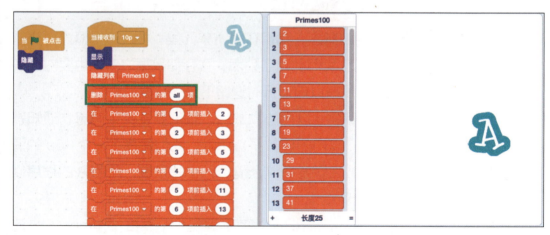

图 4.2.2　将 25 个质数值存入列表 Primes100

开始的时候，列表是空的。我们要通过插入列表的项来建立列表，所以"在 Primes100 的第 __ 项前插入 __"这个积木包括了两个功能：建立列表里的项，为这些新建立的项赋值。

就这两步，列表 Primes100 就建立好了。

4.3　算法流程及其优化

有了数据支撑以后，我们就可以开始实现智能算法了。我们在 4.2 节说过，我们编程解题的过程是完全模仿人的解题过程来实现的。我们现在就要把我们解题的思路画成流程图，然后根据流程图编程实现智能计算。

背熟了 100 以内的 25 个质数后，我们就可以判断一个数是否为质数了。但这个事情说起来简单，具体的解题过程却有些复杂，编程实现也不容易。对于任意的一个数，我们首先要判断这个数是否为 100 以内的数。若超过了 100，我们还没有"记住"（存储）大质数，没有办法知道这个数是否为质数。所以，如果这个数大于 99，我们就说"这个数太大了"，无法判断这个数是否为质数。如果这个数不大于 99，我们就可以通过比较该数和质数来确定该数是否为质数。如果是质数，那就说"这是个质数"，比较简单。但是，如果这个数不是质数，那还不能直接说这个数是合数。

为什么？因为还有一个特殊的数：1。这个数既不是合数，也不是质数。所以，对于不大于 99 的不是质数的数，我们还要再判断一次，看这个数是否是 1。如果这个数是 1，就说"1 既不是质数，也不是合数"；如果这个数不是 1，那就是合数了。

这样写起来有点绕，估计大家看着有点晕了。

这就是我们写程序时经常遇到的麻烦，为了解复杂的问题，我们的解题思路分成许多步骤，具体实现也需要许多代码，中间有许多判断，结果三绕两绕，首先把自己绕晕了。这样写出的代码质量比较差，程序特别容易出错。

4.3.1 算法流程

为了避免这些低级错误，本节要学习一个新的方法，叫作流程图。在编写代码之前，把我们解题的思路先整理成一个清晰的流程，规划好程序的运行过程，并且把这个程序的运行过程用图来表示，然后再根据这个图写代码，把程序实现出来。

对于这个程序，第一步是要随机生成一个 1~200（或者 1~300、1~1000）的数。反映在流程图上，就是生成随机数的代码紧接在开始代码后面。生成随机数后，我们用菱形 随机数 > 99? 来表示判断这个随机数是否大于 99。这个菱形有 Y 和 N 两个出口。其中，Y 表示这个数大于 99，无法判断其是否为质数，程序回到生成随机数这一步，继续生成下一个随机数。

菱形的另一个出口是 N，表示这个数不大于 99。对于这个数，我们可以判断其是否为质数，因此，我们继续用菱形 随机数 = 质数? 来表示这个判断过程。这个菱形同样有两个出口。其中，Y 表示这个随机数是质数，输出结果表示找到一个质数，程序终止。

N 表示这个数不是质数，此时有两种情况：这个数是合数，或者这个数是1。因此，我们还要用菱形 随机数 = 1? 来继续判断。无论如何，不管这个数是 1 还是合数，我们都还没有找到质数，那就要继续产生下一个随机数。

这样就得到了程序的流程图（图 4.3.1）。

4.3.2 优化流程

通过这个流程图，我们很清楚地看到了整个程序的运行过程，各个判断都

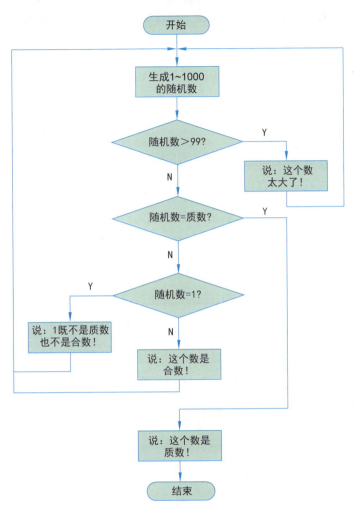

图 4.3.1　流程图

要做些什么,以及各判断之间的相互关系,等等,一目了然。在开始写代码之前,我们可以一直检查并优化这个流程,同时整理我们的解题思路。这样就可以搞清楚我们的解题思路是否合理,流程和我们的解题思路是否一致,流程是否合理,是否还有问题,等等。

除此之外，我们还可以考虑是否有更好的办法，流程是否还可以优化，是否有一题多解的情况，是否有更简单的办法，等等。直到我们能够确定所有的计算或者判断过程都是合理的或者是最好的，就可以写代码了。

4.4 智能查找

我们新建角色 B 来实现上述流程图的代码。

由于这个程序在计算的时候要用到 100 以内的质数，所以，这个程序要等角色 A 计算完 100 以内的质数后才能开始，因此，流程图最上边的"开始"实际上并不是单击小绿旗开始运行程序的时候，而是角色 B 接收到角色 A 发出的 100p（表示 100 以内的质数计算完毕）消息的时候。

角色 B 接收到角色 A 发出的 100p 消息后，就应该生成随机数了。根据流程图，生成的随机数有各种情况：可能大于 99，也可能是 1；可能是质数，也可能是合数。从流程图中可以看出，随机数要通过循环不断地生成。那么，生成随机数的循环的停止条件是什么？从流程图中可以看出，程序在找到质数以后，就不用再生成随机数了，程序也随之结束。

4.4.1 流程控制变量

这样，我们就有了程序开始、结束和中间的控制变量（用于表示是否找到了质数）。在代码里，我们首先要建立一个变量 IsPrime，用来表示新生成的随机数是否为质数。其中，IsPrime＝1，就表示当前的随机数是质数；IsPrime＝0 则不是质数。实现这些功能的代码如图 4.4.1 所示，其中多了一行代码："等待按下空格键？"，用于判断空格键是否被按下。这行代码用来控制生成随机数的时间，也就是等你看清楚了当前的随机数以后，按空格键，程序再继续生成下一个随机数。

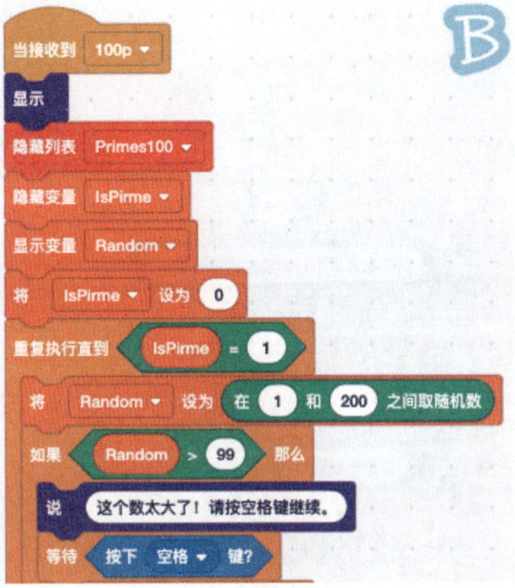

图 4.4.1 用空格键控制生成随机数的时间

4.4.2 多判断流程

接下来是 3 个连续的判断（图 4.4.2）。首先判断这个随机数是否大于 99（图 4.4.2 中的 1）。对于大于 99 的数，就说这个数太大了，程序无法判断这个数是否为质数。对于不大于 99 的随机数，判断 100 以内的质数列表里是否有这个数（图 4.4.2 中的 2）。如果有，这个数就是质数。这表明我们已经找到了质数，不需要再生成随机数了，程序也随之结束。因此，我们要令 IsPrime＝1，中断生成随机数的循环，同时广播找到质数的消息，以便结束程序。

如果这个数不是质数，我们还不能直接说这是一个合数。

这个数可能是 1。1 既不是质数也不是合数，所以我们要进一步判断不是质数的这个数是否为 1（图 4.4.2 中的 3）。但是，无论如何，这个数不是质数，因此程序要继续生成随机数。

图 4.4.2　3 个判断代码

4.4.3　交互输入

前面说过，智能和交互是密不可分的。对现在这个简单的算法而言，我们也需要人机交互。所以，到现在还不算完成了作业。现在的程序是程序"自娱自乐"，自主生成随机数，自己判断它是否为质数。这显然不行，我们要用在第 3 单元学的人机交互方法输入一个 100 以内的数，让程序判断输入的数是否为质数，这才能真正地完成作业。

　　前面我们学习了基于人机交互的游戏，用鼠标和键盘控制水族箱里鲨鱼和小鱼的运动。现在我们要学习输入数字，并赋值给一个变量。Scratch 里输入数字的方法主要有两种。一种方法是通过"侦测"标签里的"询问 ___ 并等待"和"回答"这一对代码积木来输入任何数字或文字，具体使用方法如图 4.4.3 所示，用户输入 123 后按 Enter 键或单击蓝色的 ✔ 都可以完成输入。在代码中，我们直接把回答的数值赋值给变量 Random，实现了数值的手工输入，完成了人机交互。

图 4.4.3　通过代码积木输入数字

　　但是，这样的输入范围太大，可以输入任何文字和符号，不好用。实际上，Scratch 里还有一种隐藏的数值输入方法，就是直接拖动变量的滑块来改变变量的值（图 4.4.4），简单好用！而且，滑块值的范围可以自己设置，右击变量，在弹出的快捷菜单中选择"改变滑块范围"命令，通过拖动滑块来设置变量的最小值和最大值（图 4.4.5），很容易。

　　这是一个非常好的人机交互实例。通过滑块将输入限制为 200~300 的正整数，为这个智能算法提供了简单、直观、高效的人机交互方法。

图 4.4.4　拖动滑块输入数字

图 4.4.5　拖动滑块设置变量的最小值和最大值

我们完成了作业，实现了人机交互寻找质数（图 4.4.6）。

最后，我们要分享自己的成果：

https://www.scratch-cn.cn/project?comid=5f5a3b4d364d560abc0b5744

Awesome! Keep Scratching!

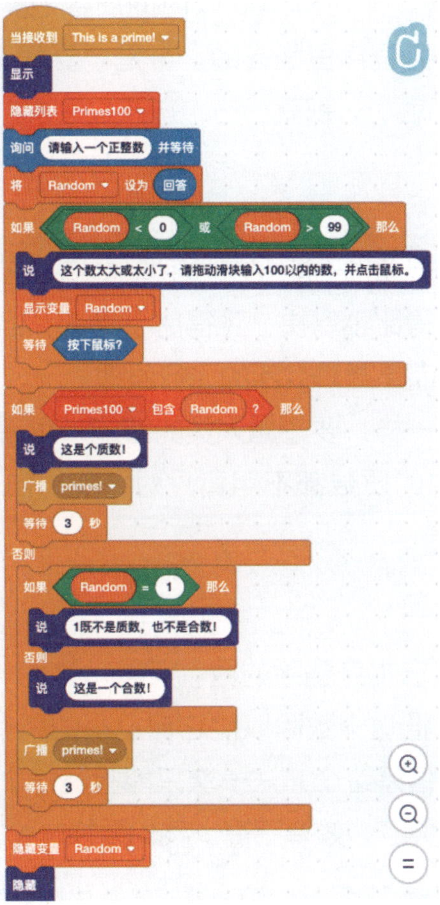

图 4.4.6　人机交互寻找质数的程序

4.5　智能筛选

100 以内的质数判别程序是我们设计的第一个智能算法，它会跟人一样，判断一个 100 以内的整数是否是质数。我们下一步要让这个智能算法超越我们自己，对更大的数进行质数的计算和判断。

　　这里有一个大问题。在判断 100 以内的质数时，那 25 个质数是我们自己事先找出来，直接写到程序里面去的。可是，要背 1000 以内的质数，或者 10 000 以内的质数，那就……那就……

　　不会背了！

　　我也不会背！

　　当然，我们学人工智能也不能要求大家背质数，这太难为大家了。

　　大家知道，飞机飞得比小鸟快，飞得比小鸟远，但这并非是模仿小鸟更快地扇动翅膀来实现的，而是要研究新的飞行原理。

　　我们的智能算法也一样，要超越人类的智能，也需要研究新的质数判断方法。这样，连 100 以内的质数都不用背！对，我们自己写一个算法生成 100 以内的质数。

4.5.1　试除法找质数

　　质数是只能被 1 和它本身整除的数。所以，我们一般用试除法寻找质数，意思就是给定一个数，把这个数除以比它自己小的所有整数，如果都除不尽，那么这个数就是质数。但是这个方法一次只能验证一个数是否为质数，还要不断地做除法，计算量太大了，效率不高。我们要换一个思路来寻找质数。

4.5.2　筛子法找质数

　　我们一开始的时候就说过，所有的质数都是奇数。为什么？因为除了 2 以外的所有偶数都是合数。那为什么 2 以外的偶数都是合数啊？因为这些偶数都是 2 的倍数！这样说来，3 的倍数也都是合数，5 的倍数当然也是合数。一直这样做下去，把所有的合数去掉，剩下的就是质数了。这个方法的效率比较高，可以一次性地找到许多质数。

这个方法有一个很有趣的名字，叫筛子法，全称叫埃拉托斯特尼筛法（Sieve of Eratosthenes），其名字来自古希腊数学家埃拉托斯特尼。埃拉托斯特尼最重要的贡献是他在两千多年前计算出了地球的直径！我们想象一下，质数是大球，合数是小球，拿筛子筛数字，合数全漏下去了，剩下的就都是质数。好玩吧？那我们现在就按照这个方法，去筛质数吧。

4.5.3　筛子法的基本思想

第一步，生成 100 以内的所有数：

1	2	3	4	5	6	7	8	9	10
11	12	13	14	15	16	17	18	19	20
21	22	23	24	25	26	27	28	29	30
31	32	33	34	35	36	37	38	39	40
41	42	43	44	45	46	47	48	49	50
51	52	53	54	55	56	57	58	59	60
61	62	63	64	65	66	67	68	69	70
71	72	73	74	75	76	77	78	79	80
81	82	83	84	85	86	87	88	89	90
91	92	93	94	95	96	97	98	99	100

第二步，筛掉 1 和大于 2 的偶数（红色数字）：

1	2	3	4	5	6	7	8	9	10
11	12	13	14	15	16	17	18	19	20
21	22	23	24	25	26	27	28	29	30
31	32	33	34	35	36	37	38	39	40
41	42	43	44	45	46	47	48	49	50

51 52 53 54 55 56 57 58 59 60
61 62 63 64 65 66 67 68 69 70
71 72 73 74 75 76 77 78 79 80
81 82 83 84 85 86 87 88 89 90
91 92 93 94 95 96 97 98 99 100

第三步，筛掉 3 的倍数。这里 2×3 已经在上一步筛掉了，所有 3 的倍数中，最小的是 3×3，也就是从 9 开始找 3 的倍数（绿色数字）。

1 2 3 4 5 6 7 8 9 10
11 12 13 14 15 16 17 18 19 20
21 22 23 24 25 26 27 28 29 30
31 32 33 34 35 36 37 38 39 40
41 42 43 44 45 46 47 48 49 50
51 52 53 54 55 56 57 58 59 60
61 62 63 64 65 66 67 68 69 70
71 72 73 74 75 76 77 78 79 80
81 82 83 84 85 86 87 88 89 90
91 92 93 94 95 96 97 98 99 100

第四步，筛掉 5 和 7 的倍数。这里 2×5、3×5、4×5 都已经在第二步和第三步筛掉了。所以，所有 5 的倍数中，最小的是 5×5。同样，所有 7 的倍数中，最小的是 7×7。在这一步里，我们把 5 和 7 的倍数都筛掉（蓝色数字）。

1 2 3 4 5 6 7 8 9 10
11 12 13 14 15 16 17 18 19 20
21 22 23 24 25 26 27 28 29 30
31 32 33 34 35 36 37 38 39 40

41	42	43	44	45	46	47	48	49	50
51	52	53	54	55	56	57	58	59	60
61	62	63	64	65	66	67	68	69	70
71	72	73	74	75	76	77	78	79	80
81	82	83	84	85	86	87	88	89	90
91	92	93	94	95	96	97	98	99	100

第五步，我们该筛掉 11 的倍数了，这是因为 8、9、10 分别是 2 和 3 的倍数，这些数的倍数也是 2 和 3 的倍数，都已经计算过了。我们也可以看到，这些数的倍数都已经标上颜色了。这就是说，下一个我们要筛的数是 11 的倍数。同样，我们应该从 11×11 开始筛。咦，不对！ 11×11 已经超过了 100，不用筛了。

这就是说，我们已经找到了所有 100 以内的质数了！

数数看，仍然是黑色的数字是否共有 25 个？ 对，那就是我们熟悉的 100 以内的质数！

1	2	3	4	5	6	7	8	9	10
11	12	13	14	15	16	17	18	19	20
21	22	23	24	25	26	27	28	29	30
31	32	33	34	35	36	37	38	39	40
41	42	43	44	45	46	47	48	49	50
51	52	53	54	55	56	57	58	59	60
61	62	63	64	65	66	67	68	69	70
71	72	73	74	75	76	77	78	79	80
81	82	83	84	85	86	87	88	89	90
91	92	93	94	95	96	97	98	99	100

4.5.4 筛子法的特点

总结一下，筛子法有两大特点。一是快。已知 10 以内的质数，可以计算 10^2 以内的质数；已知 10^2 以内的质数，可以计算 10^4 以内的质数……如此进行下去，可以计算出很大的质数，扩展得很快。二是简单。被筛除的数是已知质数的奇数倍，且开始筛除的数是小质数的平方，可以找到某个已知大质数的平方以内的所有质数。

4.6 筛选流程

人工智能算法是人的算法思想的程序实现。筛子法找质数的思想也可以编程来实现。首先，我们把上面的思考过程画成算法流程图，然后再写代码，使得我们在把复杂的算法思想写成代码的时候能够做到思路清楚、算法流程正确。

根据 4.5.3 节的介绍，我们省略第一步，从第二步开始，生成 2~100 的奇数（也就是 3~99）。接下来的第三步到第五步要用 3 个循环来实现（图 4.6.1）：

循环一：10 以内的质数循环。由于偶数已经去除，本循环从 3 开始，10 以内的质数有 3 个，分别为 3、5、7。

循环二：质数的倍数循环。计算每一个质数的奇数倍，直到该数大于 99。

循环三：删除合数循环。就是在 100 以内的奇数中找到循环二计算出的质数的倍数，并删除该数。如果找不到该数，那就表明该数已经被删除了。比如，7×9 是 3 的倍数，已经在质数 3 的倍数循环中删除了。在这种情况下，我们就继续循环二的下一轮，生成新的质数及其倍数，再进入本循环。

3 个循环的结束条件是最大的质数的所有倍数都已经筛掉了。这样，所有质数的倍数都已经从 100 以内的奇数中被删除了，表明 100 以内所有的合数都已经筛掉了，剩下的就都是质数了。

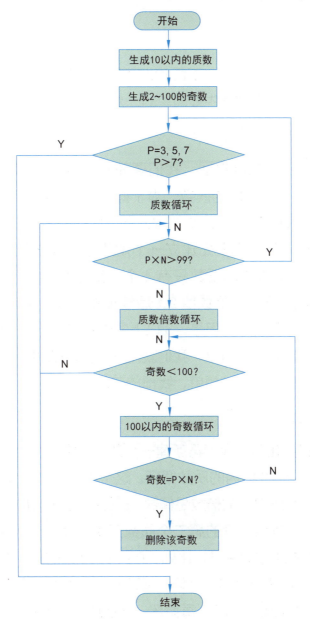

图 4.6.1　质数筛选算法流程图

4.7　实现筛选

想明白算法，画好流程图，下面我们就开始写代码了。到了这一步，其实是整个人工智能算法实现过程中最简单的一步了。

4.7.1　质数和奇数列表

根据图 4.6.1 所示的流程图，我们要先建立两个列表，一个放 10 以内的质数，另一个放 100 以内的质数。为了好记，我们把这两个列表分别称为 Primes10 和 Primes100。这种名称格式方便以后的扩展，比如 Primes10000。

跟 4.2 节一样，我们也要先建立一个角色（将其命名为 A）来实现这两个列表的初始化。10 以内的质数只有 4 个，我们直接给 Primes10 赋值就可以了。Primes100 的第一项是数值 2，后续项是 3 以上的奇数。我们要先给 Primes100 的第一项赋值 2。但是，3 以上的奇数有 49 个，跟 Primes10 一样一个一个地赋值太麻烦了。所以，我们就用一个循环来初始化 Primes100 列表中的其他项。这一段代码比较简单，我都放在角色 A 里了（图 4.7.1）。

4.7.2　筛子循环

实现了列表初始化后，我们再新建一个角色（将其命名为 B）来写 3 个循环的代码。循环一是 10 以内的质数循环。这个循环比较简单，10 以内的质数一共 4 个，但第一个质数 2 的倍数是偶数，已经在上一步初始化的时候去掉了。这样，这个循环从 Primes10 的第二个质数开始。我们用 NumPrimes10 来表示 Primes10 列表中质数的序号，比如，Primes10 中的第 1 个数是 2，第 2 个数是 3，一直到第 NumPrimes10 个数。循环从 Primes10 列表的第二个数开始，所以 NumPrimes10 初始化为 2，每循环一次增加 1，共循环 3 次（图 4.7.2）。

进入循环后，我们用 NumX 来取得 Primes10 中的第 NumPrimes10 个

A

```
当 🚩 被点击
显示
隐藏列表 Primes100
删除 Primes10 的第 all 项
显示列表 Primes10
在 Primes10 的第 1 项前插入 2
在 Primes10 的第 2 项前插入 3
在 Primes10 的第 3 项前插入 5
在 Primes10 的第 4 项前插入 7
说 10以内的质数列表完毕。
等待 3 秒
广播 10p
隐藏
```

```
当接收到 10p
隐藏列表 Primes10
隐藏变量 NumPrimes100
删除 Primes100 的第 all 项
在 Primes100 的第 1 项前插入 2
将 NumPrimes100 设为 3
重复执行直到 NumPrimes100 > 99
    在 Primes100 的第 last 项前插入 NumPrimes100
    将 NumPrimes100 增加 2
显示列表 Primes100
显示
说 100以内的奇数列表完毕。
等待 3 秒
隐藏
广播 100p
```

图 4.7.1　质数筛选算法的列表初始化代码

B

```
将 NumPrimes10 设为 2
1  重复执行 3 次
    将 NumX 设为 Primes10 的第 NumPrimes10 项
    将 NumY 设为 (NumX * NumX)
    将 NumPrimes100 设为 5
    重复执行直到 ◆       2
    将 NumPrimes10 增加 1
```

图 4.7.2　10 以内的质数循环

质数的数值，用 NumY 来表示 Primes10 中的第 NumPrimes10 个质数的奇数倍，因此，NumY 的初始值就是 NumX 的平方。内嵌的循环计算完后，记得把 NumPrimes10 增加 1 来取 Primes10 列表中的下一个质数（图 4.7.2）。

根据流程图，循环二是质数的倍数循环，循环结束的条件是质数的倍数 NumY 大于 99。这个循环简单明了，每次循环，将 NumX 增加 2，并计算 NumY，一直循环，直到 NumY 大于 99 结束（图 4.7.3）。

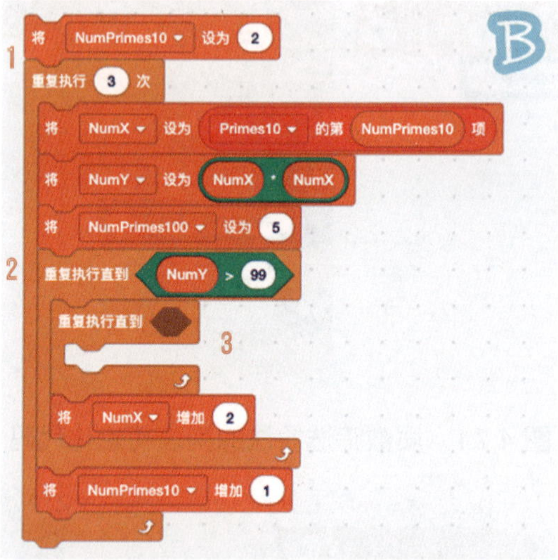

图 4.7.3　质数的倍数循环

循环三是在 Primes100 列表中寻找合数 NumY。如果找到了，就删除该项；如果一直找不到，就换一个 NumY 继续寻找。Primes100 列表的前 5 项是 2、3、5、7、9。也就是 Primes100 列表里第一次出现合数的位置是第 5 项，所以我们要将寻找 NumY 的起始位置 NumPrimes100 设为 5（图 4.7.4）。

在循环三中，Primes100 列表里的每一个数都要和 NumY 进行比较，看两者是否相等。这样，循环结束的条件有两个：一是列表 Primes100 有一项和 NumY 相等，在列表里删除该项，删除后，Primes100 列表里的当前项大于

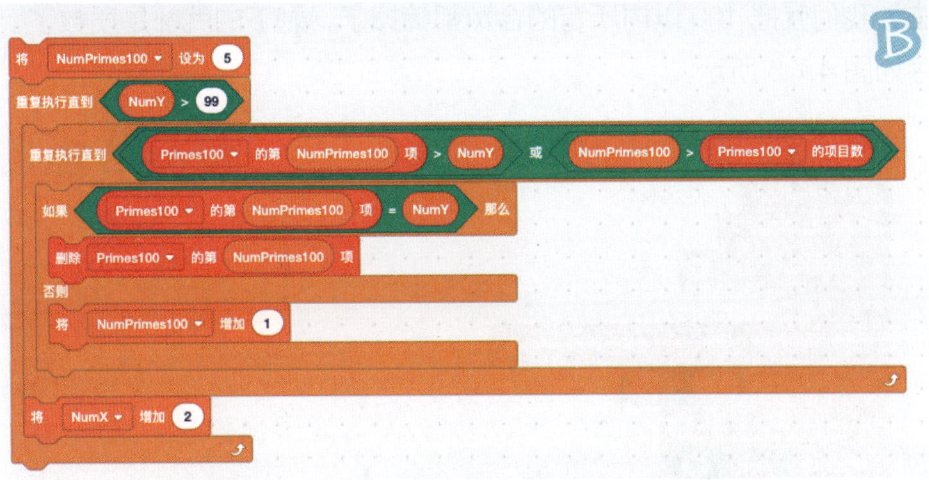

图 4.7.4　在 Primes100 列表里寻找合数的循环

NumY，循环结束；二是 Primes100 列表里的所有项都不等于 NumY，循环控制变量 NumPrimes100 的数值大于 Primes100 列表里的项目数，循环结束。

4.7.3　逻辑运算

我们在流程图和前面写代码的时候都已经知道了，智能算法里有大量的判断，而且有许多种判断。现在，我们学习非常重要的逻辑运算。

如果有两个并列的条件：条件 A 和条件 B，两个条件中只要有一个满足就行，这就是逻辑运算中的"或"运算。还有一种情况，两个并列的条件 A 和条件 B，两个条件都要满足才行，这是逻辑运算中的"与"运算。

"或"运算的积木块是这样的：，前后两个位置需要填入两个条件，一般是大于、小于、等于这样的判断。根据 4.7.2 节的分析，在我们的程序里，这两个条件都是大于运算，计算的结果再进行"或"运算，两个条件只要有一个成立就行（图 4.7.4）。

不论哪种情况，下一次寻找就从 NumPrimes100 的当前值开始。这样一

直下去，我们就把 100 以内所有的合数都筛掉了，剩下的就都是质数了。完成的程序如图 4.7.5 所示。

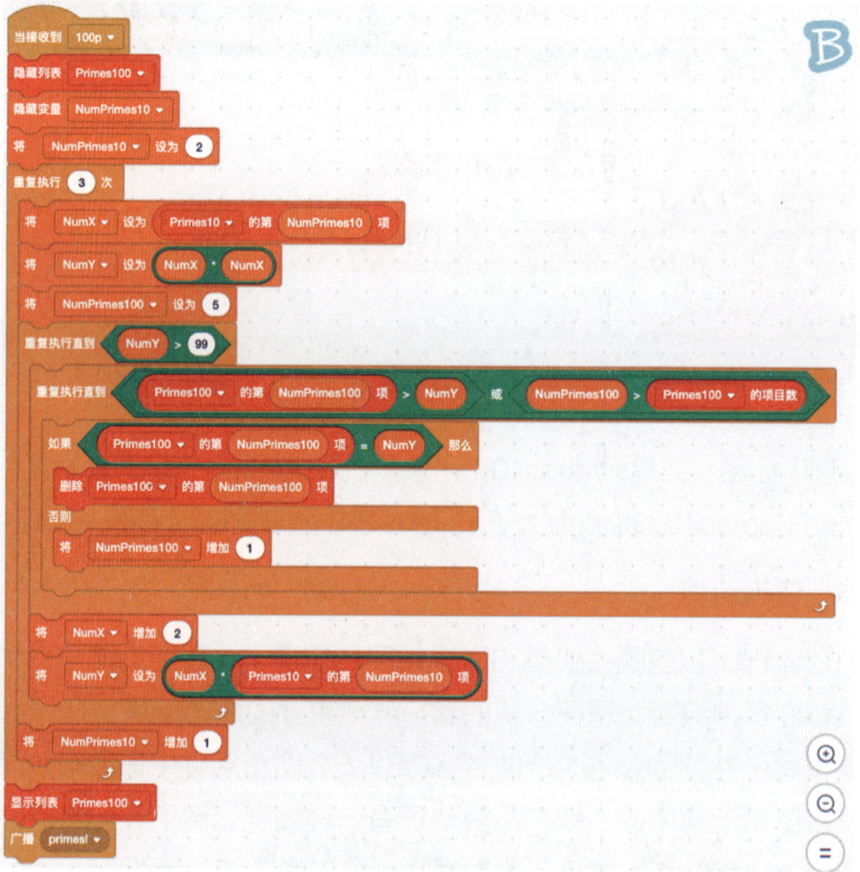

图 4.7.5　利用质数筛算法计算 100 以内的质数的程序

有了 100 以内的质数列表后，我们是不是会算 10 000 以内的质数了？更大的数呢？当然都会，只是对于太大的数，计算机的算力不够了。

最后，我们还是以"Awesome! Keep Scratching!"来鼓励一下自己学会了一个经典质数筛算法。

分享的程序在这里：

https://www.scratch-cn.cn/project?comid=5f5a3c3d364d560abc0b5753

4.8　算法扩展

更加智能永远是我们的目标！

我们在 4.5 节分析筛子法时，知道了筛的过程中，被筛除的数是已知质数的奇数倍，且开始筛除的数是该质数的平方。这样一直筛下去，就可以把所有的质数都筛出来。

现在我们要进一步看看每一次筛除了一些数以后，剩下的数有什么规律。图 4.8.1 是前 4 次筛选结果，即 2、3、5、7 这 4 个质数的倍数被筛除的过程。其中，图 4.8.1(a) 是筛除了 2 的倍数后留下的数，可以看到第 5 项是 3 的倍数 9，还有 15、21、27 等。图 4.8.1(b) 中筛除了 3 的倍数后，最小的合数是 25，也就是列表里小于 25 的数都是质数。图 4.8.1(c) 中筛除了 5 的倍数后，最小的合数扩大到 49。图 4.8.1(d) 中 49 也被筛除了，我们看到的列表里的前 16 项全都是质数了。从这个过程我们可以看出，筛子法是一个很高效的算法，每一次筛选后，质数的数值增加得很快。也就是说，跟着这个列表一个质数一个质数地做下去，我们能够找到任意大的质数。当然，假设计算机有足够强的算力和时间。

这样说来，我们发现了利用筛子法计算质数的一个重要性质：循环筛选，即筛子法在筛选过程中，每一步都产生小质数列表 2, 3, 5, 7, $\cdots$, P。其中 P 的计算如下：

假设 a、b 是两个相邻的质数，且 $a<b$。则筛掉质数 a 的倍数后，得到小质数列表 2, 3, 5, 7, $\cdots$, P，其中 $P<b^2$。

因此，我们并不需要预先记忆 100 以内的质数或者 10 以内的质数，我们只要知道第一个质数是 2，就可以按照筛子法筛选出任意大的质数！有了质数列表，我们就可以判断输入的任意整数是否为质数。

Cool，酷~！

图 4.8.1　筛子法小质数列表分析

4.9　流程与实现

任意质数的筛选和 100 以内的质数筛选，同样都是利用筛子法筛选质数，算法流程图是差不多的。

既然说"差不多"，说明还是有差别的。首先是要找的质数范围变了，从 100 变成了任意数。不过，任意数也是说说而已，计算机的计算能力是有限的，在程序里我们自己得定义一个可以计算的最大数，比如我们在程序里把计算的最大数设为 123 456。那么，我们只要输入的数 MaxP 不超过 123 456，我们就可以计算出所有小于或等于 MaxP 的质数，并判断 MaxP 本身是否为质数。其次，在计算过程中，我们不用预先记忆任何质数了，在程序里也不需要预先生成 10 以内的质数列表了。这样，我们就有了生成小于或等于 MaxP 的所有质数的筛选法流程图（图 4.9.1）。

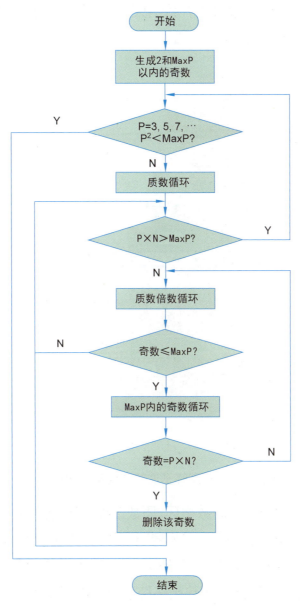

图 4.9.1　生成小于或等于 MaxP 的所有质数的筛选法流程图

程序实现起来也比较简单。首先是输入 MaxP，判断 MaxP 是否超过预先设定的最大值。如果超过最大值，就结束程序；如果没有超过最大值，就基于这个值生成 2 和奇数序列（图 4.9.2）。

图 4.9.2　利用筛子法筛选任意质数的代码

接下来还是 3 个循环：质数循环、质数倍数循环、删除合数循环（图 4.9.3）。不同的是，这 3 个循环都在同一个列表上运行，再也没有需要预先记忆的 10 以内或 100 以内的质数列表了。程序有两个变化：一个是用 MaxP 取代了原先的最大值 100；另一个是判断质数循环结束与否的标准变成了当前质数的平方是否大于 MaxP。

图 4.9.3　基于同一个列表的质数筛选法

有了质数列表以后，我们看一下输入的 MaxP 是否在质数列表内。如果 MaxP 在质数列表内，那它就是质数；否则它就是合数。这样，我们就能判断任意一个输入的整数是否为质数（图 4.9.4）。

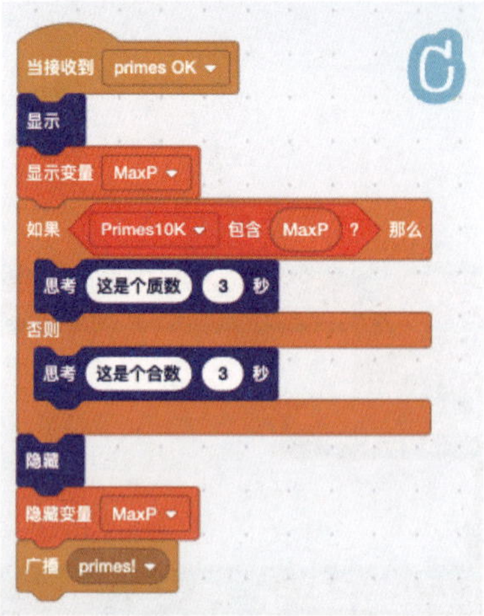

图 4.9.4　判断输入的数是否是质数

就这样了，我们一步一步地实现了质数的筛选和判断。

程序写好了，分享给大家：

https://www.scratch-cn.cn/project?comid=5f5a3d13364d560abc0b575f

4.10　单元小结

从人类智能出发，我们开启了人工智能之旅。

人类智能包含很多方面，比如我们周围的同学，有些人数学好，有些人物理好，有些人语文好，有些人地理好。人工智能是对人类智能的某一方面的一种实现，当然也包含很多方面，机器解数学题是一种智能，机器理解人的语言、动作也是一种智能。因此，人工智能和人机交互一样，都是交叉学科。

最简单和最复杂的人工智能都是模仿人类的思考。我们学习人工智能，起步于模仿我们自己解数学题的智能，并最终超越我们自己解数学题的智能，"青出于蓝而胜于蓝"。

要利用人工智能模仿我们自己的解题智能，首先要整理清楚我们的解题思路，画出解题的流程图，然后编程实现，结果就是会解题的人工智能体。

在编程方面，我们从解数学题的智能算法开始，一步一步地学会了写复杂的算法，我们的编程能力又前进了一大步！

我们学习了如何写一个程序来做小学六年级的一道数学题。首先，我们学会了一个新的变量类型——变量列表，就是把许多变量放在一起，用列表中的项目序号来区分这些变量。这样做显而易见的好处是，可以避免给许多变量命名这个麻烦事情；更重要的是，建立了变量的序号，也就是建立了变量之间的关系。比如，在解题时，我们知道排在后面的变量其数值也大。计算结果中，下一个变量里的质数总是比当前变量里的质数大。

画流程图也是本单元学习的一个重要编程技巧，可以帮助我们厘清解题的思路，把智能体现在流程上，使得计算机能够实现人工智能。在解复杂的问题时先画流程图，可以事半功倍，加速编程，减少错误。而且，如果程序运行出错，流程图还可以帮助我们尽快发现程序中的问题，改进程序。

筛子法找质数是一个简单、直观的算法。我们在学编程过程中会遇到各种各样的算法，这些算法有些需要很深奥的数学理论，有些需要很好的编程技巧，才能写出高质量的程序。因此，学习编程实际上有两方面的任务：一是学习程序语言，写出高质量的程序；二是学习算法，用最优算法来解决实际问题。

本单元一开始，我们给出了一道小学六年级的作业题："给出 6 个整数，判断这 6 个数里哪些数是质数，哪些数是合数。"我们在 4.1~4.4 节实现了100 以内的质数判别，因为那个时候我们只会背 100 以内的质数。现在我们学会了任意大的质数的计算，当然也应该会判断任意大的整数是否为质数。

这里得说明一下，"任意大的整数"是说很大的整数，但并非真的是任意大，因为计算机的计算能力是有限的，能够处理的数也是有限的。所以，我们要假设题目里给出的 6 个数里可能有很大的整数，但没有大到超过计算机的处理能力。

　　根据筛子法找质数，这个题目的解法其实很简单，只需要 3 步：

　　（1）从 6 个数里找到最大的数。

　　（2）用筛子法算出小于最大的数的所有质数。

　　（3）把这 6 个数和筛出来的所有质数进行比较，找到这 6 个数里的质数。

　　智能流程和算法相结合是本单元的重点。大家要努力理解智能和智能算法。我们的人工智能之旅就这样从最简单的解数学题起步了。

第 5 单元
智 能 算 法

5.1 智能与算法

5.1.1 图灵测试

人们一说起人工智能都很兴奋，都觉得人工智能很厉害，能够做很多事情。特别是人工智能下围棋赢了世界冠军以后，人们更觉得人工智能很了不起。计算机领域的大牛——图灵（图灵奖就是以他的名字命名的）在 70 多年前（1950 年）发表了一篇划时代的论文，提出了建造智能机器的概念。但是，什么是"智能"很难说清楚，说不清楚的概念当然也很难测试。因此，这篇论文最重要的贡献就是提出了著名的图灵测试：如果一台机器能够与人对话，而人不能辨别出与其对话的是人还是机器，那么这台机器就具有智能。由于当时还没有语音识别，所以，在图灵的设想中，这样的对话是通过电传设备进行的，也就是通过文字进行对话，人把问题以文字的形式输入机器，机器再把回答的文字打印给提问者。这是一个思想实验，说明了建造"思考的机器"是可能的。从此，人工智能学科就诞生了。

图灵测试具有哲学意义，但难以真的用来测试机器智能，因为机器和人具有完全不同的结构，你要问机器吃饱了没有、喝足了没有、肚子饿了没有、头痛不痛等一些和人的生理感觉相关的问题，机器很快就会露馅。还有，机器也没有社会关系，所以你只要问它关于朋友、同学、亲戚等问题，它也无法回答。这么说来，最简单的难倒机器的方法就是问一些你和同学平时在学校说的趣事、暗语等，机器都没法知道，更没法回答。这就像飞机，要求它像小鸟一样扇动翅膀就从地面起飞直冲云霄是做不到的，因为两者的飞行原理和方法不同。事实上，人类历史上曾经有无数次模仿小鸟飞行的尝试，但都失败了。

尽管机器智能可能无法通过图灵测试，但近年来人工智能随着计算机和网络的发展也有了极大的发展，人工智能已经深入到人们日常生活的方方面面，我们再也离不开人工智能了。比如，说起计算，一个小小的计算器就比我们厉害多了；人脸识别、语音识别已经集成到手机中，是人们日常生活中每天都需要的；人机对话也在一些大公司、大机构的客服中得到了应用，你给一些大公司的客服打电话，开始接电话的十有八九是人工智能客服；我们日常几乎离不开的搜索，也是人工智能应用的一个重要方面。

5.1.2　机器智能

一台计算机或者一部手机是如何实现人工智能而变成智能体的？我们已经知道了，计算机是通过运行程序来执行算法而实现智能的。比如第 4 单元的质数智能检查程序就是我们自己开发的。首先，我们要有算法思想，也就是质数检查方法，我们前面用的是古老的筛子法，先把小于或等于待检查的质数全找出来，然后检查在质数列表里有没有我们输入的这个数。如果有，那么这个数就是质数；如果没有，那么这个数就是合数。这就是质数检查算法。有了这个算法以后，就可以写代码来实现这个算法，最后，计算机运行这段代码，就具有了质数检查的功能，变成了具有简单智能的智能体。

这样说来，人工智能其实就是人类的智能，但又在某些方面超越了人类的智能。这印证了《劝学篇》中的名言："青，取之于蓝，而青于蓝；冰，水为之，而寒于水。"我们再接一句："智，人为之，而超于人。"

机器智能具体包括 3 个要素：算法、程序、计算。首先，算法表示某种智能的实现方法，是人工智能的核心。比如，质数检查这样的简单智能，我们用了一个现有的方法；而人脸识别、语音识别这样比较复杂的智能，用的是机器学习方法，包括深度学习等，让计算机用某种算法从大量的数据中通过学习形成复杂的人脸识别功能。其次，有了算法以后，我们需要学习编程，写代码，把我们的算法通过程序实现。所以，编程在现代社会就跟阅读和写作一样，是一种基本技能。最后，我们需要强大的计算机来运行程序，需要快速的网络来传输数据。所以，人工智能是随着计算和网络的发展而发展的。实际上，许多智能算法很久以前就有了，但是计算资源太贵，没法实现，不能进入日常生活。这就是为什么人工智能研究了很多年，但智能算法这几年才火起来的主要原因。

我们前面学习了编程和算法的一些基本知识和技巧。在编程方面，还有许多知识要学习和掌握，大家要不断实践，熟能生巧！在算法方面，我们只是刚刚开始学习。本单元我们学习一些很有意思的基础算法，体会一下非常奇妙的智能算法世界。

5.2　冒泡排序算法

排序其实就如同上体育课时的排队，从高到低或者从低到高排成一队。按照数学的说法，就是把数字从大到小或者从小到大排起来。排序很简单，排序算法有很多，但是排得又快又好不容易！本节要学习的是最简单的排序算法之一。在所有的算法书里，冒泡排序算法都是排在第一位的。

5.2.1　算法思想

假设我们站好队后，要按个头从低到高重新排队，那我们平时是如何排的？假设要按左低右高排队，你要和你右边的同学比，如果你比他高，就和他互换位置。每个同学都这样比，很快就排好了。冒泡排序也是这个思想，每个数都和其右边的数比，如果它比右边的数大，就互换位置。

假设我们有 15 个整数要排序，见图 5.2.1（a），采用的方法是两两比较的冒泡排序算法。具体的排序步骤如下：

（1）第一个数 3 和第二个数 44 相比，第一个数小，不动。

（2）第二个数 44 和第 3 个数 38 相比，44 大，互换位置。

（3）此时第 3 个数是 44，和第 4 个数 5 相比，44 大，继续互换位置。

就这样一直下去，大的数逐步移到了右边，见图 5.2.1（b），最后直到所有的数全部排好，冒泡排序算法就结束了。

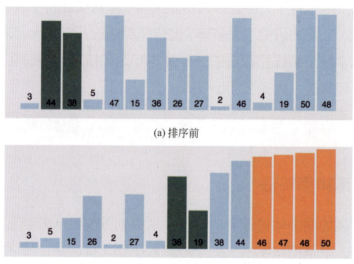

(a) 排序前

(b) 大的数逐步移到了右边

图 5.2.1　冒泡排序算法示例

5.2.2　算法实现

冒泡排序算法非常简单，包括两个循环。从第一个数开始，如果当前的数比下一个数大，就对换位置；如果当前的数小于或等于下一个数，就不动。然后，下一个数成为当前的数，再继续比较，直到排好最大的数，这是一个循环。这个循环结束后，再从第一个数开始循环，直到排好第二大的数。这样一直循环，直到所有的数都排好，算法停止。这个程序的流程图这里就不画了，同学们自己画流程图，整理一下思路。

好了，我们现在就开始写代码了。和第 4 单元一样，我们要先建立一个列表，将其命名为 R100，然后随机产生 MAX 个正整数（图 5.2.2）。为了让大家看清楚，这里把 MAX 设为 13，因为右边的运行结果窗口里刚好能够显示 13 行数字。还是用第 4 单元的办法，产生随机数后，发一个消息，告诉后面的排序脚本开始工作。

图 5.2.2　产生随机数列表用于排序

刚才说过，冒泡排序方法具有两个循环。冒泡排序算法每比较一轮都会产生本轮的最大值，因此，我们要比较 MAX-1 轮，因为最后一轮只剩下一个数，不用比较了。在第一轮，我们要比较 MAX-1 次，最后一次是第 MAX-1 个数和第 MAX 个数（也就是最后一个数）进行比较。第一轮结束以后，最后一个数就是最大的数。在第二轮，我们要比较 MAX-2 次，因为最后一个数是最大值，不用比较了。

如果比较的结果是前一个数比后一个数大，那么这两个数需要调换位置，一般比较方便的办法就是设一个中转变量 X，包含三步：$X=a$，$a=b$，$b=X$。这样 a、b 两个变量里的值就互换了。

冒泡排序算法的代码如图 5.2.3 所示。代码的链接如下：

https://www.scratch-cn.cn/project?comid=5f5a3e1c30677a15b863de55

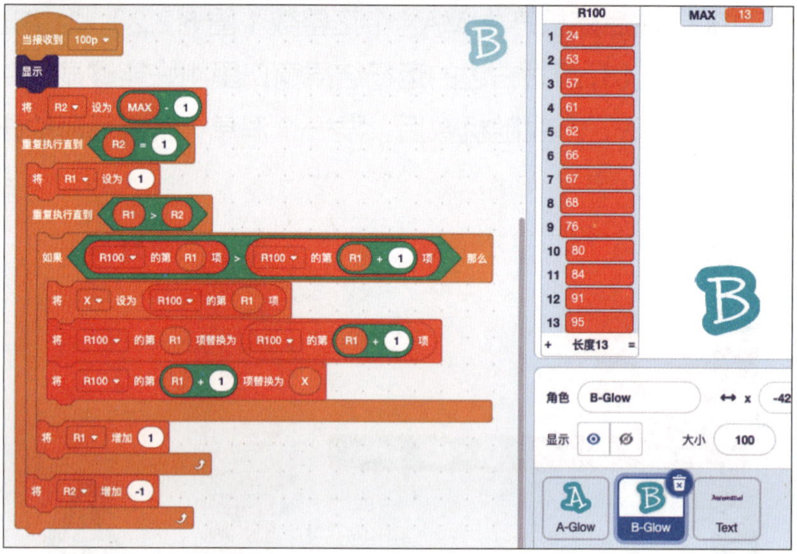

图 5.2.3　冒泡排序算法的代码

5.3　选择排序算法

5.3.1　算法思想

选择排序算法的基本思想是从队列中选择最大的数排在最后，或者选择最小的数排在最前。这和 5.2 节讲的排队时大家两两比较、互换的方法不同，是让班里最矮的同学站到最前面。首先，在所有人里选一个最矮的同学，让他站到队列的最前面；然后，再在剩下的队列（当前队列）里选一个最矮的，站到刚才选出的那个最矮的同学的后面，也就是当前队列的最前面。就这样一直下去，直到所有的同学全部排好。简单地说，就是一轮一轮的，每一轮都让最矮的同学排到当前队列的最前面。

基于这个朴素的排队思想，选择排序算法通过比大小来找到最小值，然后将其移动到队列的前端。如图 5.3.1 所示，红色的表示当前的最小值，绿色的表示正在和红色的当前最小值进行比较的值，黄色的表示已经排好的数。可以看到，第一轮找到的最小值是 2，并把它排在了第一位（图 5.3.1 上）；第二轮找到的最小值是 3，已经比较完成（图 5.3.1 中），将移动到前面，排在上一轮的最小值 2 后面，即排在第二位。在接下来的循环中，继续寻找最小值（图 5.3.1（c）），直到所有的数都排好为止。

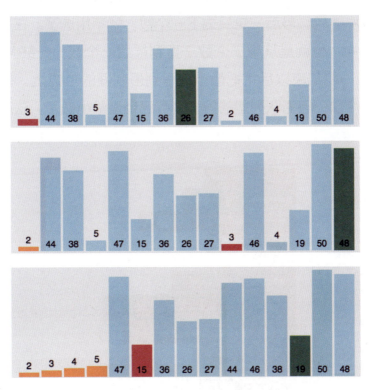

图 5.3.1　选择排序算法示例

5.3.2　算法实现

选择排序算法和 5.2 节的冒泡排序算法一样简单，也包括两个循环。从第一个数开始，把当前的数设为临时的最小值。如果下一个数比当前的数小，那么就把最小值换成下一个数；如果下一个数大于或等于当前的数，那么最小值就不变。这样一直下去，直到选好本队列里的最小值，这是一个循环。这个循环结束后，再从当前队列的第一个数开始循环，选择下一个最小值，这是第二个循环。循环结束时所有的数都排好了。

选择排序算法的每一轮循环都会选出一个最小值，设有 MAX 个数，这样一共要选 MAX-1 轮，最后一轮只剩下一个数，就不用选了。在第一轮，我们要选 MAX-1 次，也就是从第二个数一直到最后一个数（一共 MAX-1 个数）都要比较。第一轮结束以后，把最小值写到最前面的位置上。在第二轮，我们要选 MAX-2 次，因为队列里的第一个数已经是最小值了。这就是两个循环（图 5.3.2）。

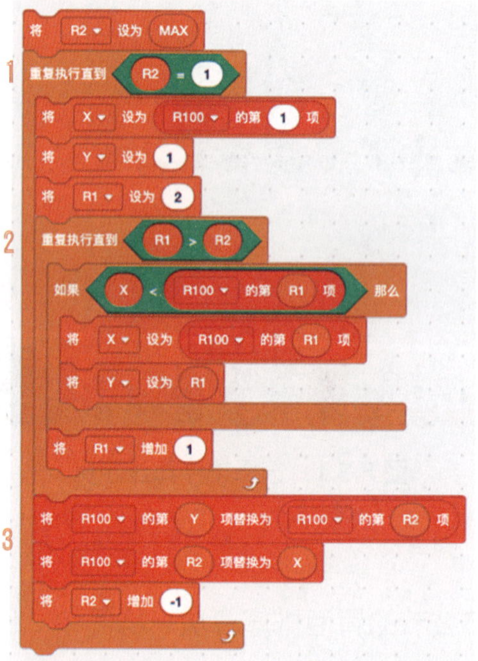

图 5.3.2　选择排序算法的两个循环

每一次选最小值的循环时，比较方便的办法就是设两个中转变量 X 和 Y，记录当前的最小值和对应的位置。当然，只记录位置也是可以的。选好最小值后，退出当前的选最小值循环，将选好的数和队列最前面的数互换，完成排序。这样就实现了一轮最小值的选择及排序。

具体实现时，我们从冒泡排序算法继承代码，先产生随机数列表，然后排序，代码链接如下：

https://www.scratch-cn.cn/project?comid=5f5a3ebe364d560abc0b5769

5.4　插队排序算法

5.4.1　算法思想

插队排序算法中的插队跟我们平常的插队是一样的。假设前面已经有许多同学已经从高到矮排好队了，后面的同学要跟已经排好队的同学比较，找到自己的位置（图 5.4.1），插进队伍，使得队伍依然维持从高到矮的秩序。

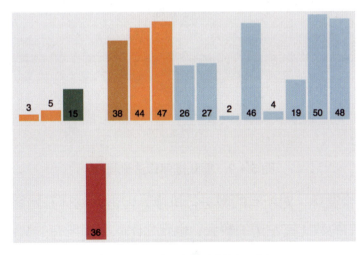

图 5.4.1　插队排序算法示例

基于插队的基本思想，我们隐约看到还是两个循环。但实际算法要复杂得多！那怎么办？画个流程图吧（图 5.4.2）！

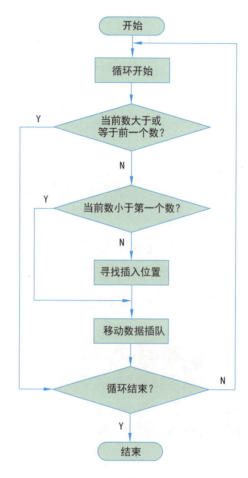

图 5.4.2　插队排序算法流程图

首先是一个循环，对所有的数进行排序。但进入循环开始插队时，有两个例外：一是当前的数比其左边的数大，也就是比队列里所有的数都大（图 5.4.3 上），此时，这个数就不用移动了，直接切换到下一个数；二是当前的数比第一个数更小，它就是当前的最小数，插到当前队列的第一个数前（图 5.4.3 下）。

如果这两种情况都不对，那就进入插队循环。当前的数要跟队列里的数从大到小逐个比较，找到自己的位置，并插到队列中。

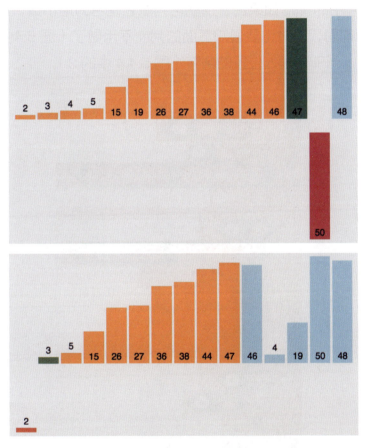

图 5.4.3　插队排序算法的两种例外

5.4.2　算法实现

有了流程图，我们就可以开始写代码了。还是继承前面已经写好的程序，保留生成随机数列表的角色 B，编写插队排序的代码（图 5.4.4）。循环要从第二个数开始，一直到最后一个数，因此，循环变量 R2 的初始值为 2，终止条件为 R2>MAX。进入循环后，有 3 个判断：首先判断新加入的数是否为最大数，如果是，那就什么都不做，直接转到下一个数，同时还要通知下面的判断不用做了（图 5.4.4 中的 1）；如果否，那就再判断它是否为最小数，如果是，那就插到队列的最前面，同时也要通知下面的判断不用做了（图 5.4.4 中的 2）；如果否，那就进入当前数插入位置的判断（图 5.4.4 中的 3）。

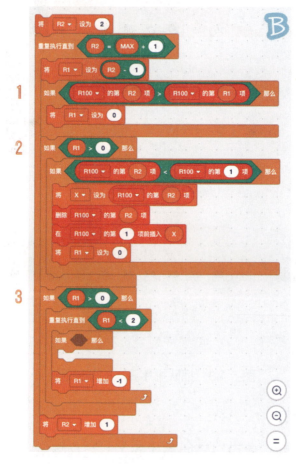

图 5.4.4　插队排序算法的 3 个判断

我们用一个循环来寻找插入位置，而判断插入位置时，相邻的一对数要符合两个条件：待插入的数要小于右边的数，同时要大于或等于左边的数。这个同时判断两个条件的代码是"__ 与 __"（图 5.4.5 中的 1）。小于的比较就直接用代码"__<__"来实现（图 5.4.5 中的 2）；而大于或等于没有相应的代码，我们用"__ 不成立"来实现，也就是"__<__ 不成立"（图 5.4.5 中的 3），小于不成立，那就是大于或等于了！

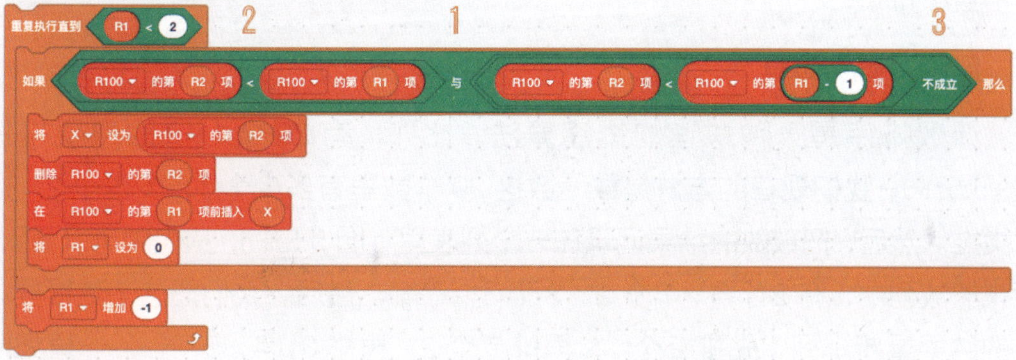

图 5.4.5　插队排序算法的插入位置判断

　　这就是本节学习的新代码，我们通过画流程图实现了插队排序算法。

　　插队排序算法的思想简单直观，但是代码实现思路有点绕，流程图发挥了重要的作用，帮助我们厘清了思路。

　　代码的链接如下：

https://www.scratch-cn.cn/project?comid=5f5a3f5a364d560abc0b5777

5.5　计数排序算法

　　5.2 节至 5.4 节讲的 3 种排序算法的基本思想是一样的，都是通过一个数和其余所有的数比大小来排序，但具体排序的方法有差别。冒泡排序算法的思想是：见到比自己小的数就换位置，见到比自己大的数就换成大数。选择排序算法是从所有的数里选最大的数排到队尾。一个自然的想法是：如果不选最大数，就不能将它排到队尾，要插入队列中，这就是插队排序算法。这 3 个算法的共同特点是在两个循环内反复进行比较，比较耗费算力，很慢。当要排序的数很多时，这是个大问题。

有没有方法能够打破这些基于朴素思想的排序方法？

当然有！

5.5.1　算法思想

计数排序是一种快速的排序算法。比如，有 20 个 1~9 的数要排序（图 5.5.1），我们现在的方法是数一数这 20 个数里有多少个 1，多少个 2，以此类推。然后，把数数的结果记录在一个列表里（图 5.5.2），从表中可以看到，原来的数列中，有 2 个 1，7 个 2，2 个 3，等等。最后，我们把这些数根据计数的结果重新排列，先排 2 个 1，再排 7 个 2，再排 3，4，5，…，一直到所有的数全部排好（图 5.5.3）。

因此，这种排序方法完全不从比较数的大小来考虑这些数的排序问题，只要一个计数的循环，可以飞快地排好序！

这真是神奇的算法！

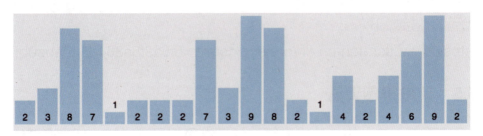

图 5.5.1　等待排序的 20 个 1~9 的数

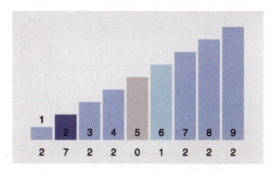

图 5.5.2　对 20 个 1~9 的数计数的结果

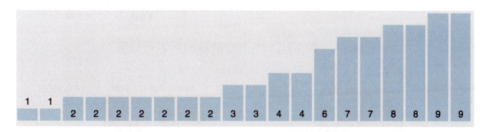

图 5.5.3　对 20 个 1~9 的数排序的结果

5.5.2　算法实现

在我们的程序里，角色 A 产生的随机数的范围是 1~100，共产生 13 个随机数。下面我们通过一个循环对这 13 个随机数进行计数，结果都放在名为 C100 的列表里（图 5.5.4）。从列表 C100 可以看到，列表 R100 里有两个 1，接下来是 0 个 2，0 个 3，等等。有了 C100，下一步，我们利用一个循环，根据 C100 里的数值，把数字放回列表 R100 里（图 5.5.5），就可以得到排序的结果了。

总结一下，计数排序算法还是包括两个循环，但是只有简单的计数，没有比大小，执行速度特别快！

代码的链接如下：

https://www.scratch-cn.cn/project?comid=5f5a3ff0364d560abc0b5780

159

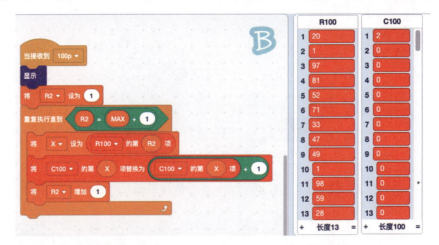

图 5.5.4　对 13 个 1~100 的随机数进行计数

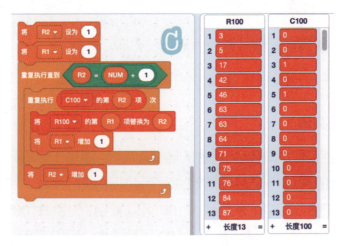

图 5.5.5　根据计数的结果把 13 个 1~100 的数放回列表 R100 里

5.6　基数排序算法

本节介绍的基数排序算法和 5.5 节介绍的计数排序算法只差一个字！

5.6.1　算法思想

基数排序算法和计数排序算法的基本思想一致，都是通过把数字放入新列表（比如计数排序算法中的 C100）的对应位置中，然后根据列表本身的序号对数据进行排序，这样就避免了比大小的过程。但是，计数排序算法依然需要两个循环，且第二个循环有很大的浪费。从图 5.5.4 和图 5.5.5 可以看到，列表 C100 中存在大量的 0，这还是在限制了随机数的范围为 1~100 的条件下出现的情况；如果最大值为 1000，10 000，100 000，…可以想象，列表 C1000、C10000、C100000 里面基本上全是 0！所以，计数排序算法在待排序数字的最大值比较小，而数字的个数比较多的时候，是一个非常好的算法；但反过来，在待排序数字的最大值很大，而数字的个数比较少的情况下，就是一个不好的算法。在这种情况下，计数排序算法非常浪费，既浪费存储空间，又存在大量的空循环而浪费计算资源。

那么，有没有改进的算法？

基数排序算法就是对计数排序算法的一种改进。基数排序算法的基本思想是：所有的数，不管有多少位，都是由 0~9 这 10 个数字组成的，个位、十位、百位等每位上都只有 10 个数字。这就启发我们，可 以按照个位、十位、百位……的顺序逐步排列，最后所有位上的数字全排好了，那就是排序完成了。

这样的算法思想叙述起来有点绕，我们根据下面的实例来理解就容易多了。先看表 5.6.1 的第一行，这 20 个 100 以内的数是随机生成且随机排列的。我们采用基数排序的算法对这 20 个数进行排序。

表 5.6.1　20 个随机数的基数排列法

3	6	7	9	12	23	35	37	38	39	40	51	53	59	61	71	71	78	80	95
40	80	51	61	71	71	12	3	23	53	35	95	6	7	37	38	78	9	39	59
03	06	07	09	12	23	35	37	38	39	40	51	53	59	61	71	71	78	80	95

首先，我们考虑这个数的个位数是 0~9，我们就根据这些数的个位数，把这 20 个数放到表 5.6.2 的相应位置上。比如，40 的个位数是 0，就放在表 5.6.2 的 0 这一列里；51 的个位数是 1，放在表 5.6.2 的 1 这一列里，直到把所有的 20 个数全部放到表 5.6.2 里为止。其次，从 0 到 9，自上至下地把表 5.6.2 里的数排成一行，如表 5.6.1 的第二行所示。这样排好以后，个位数（表 5.6.1 中的绿色数字）已经从小到大排好了，但是十位数是乱的，还没有排序。

表 5.6.2　基于个位数的 10 个数字列表

0	1	2	3	4	5	6	7	8	9
40	51	12	3		35	6	7	38	9
80	61		23		95		37	78	39
	71		53						59
	71								

　　现在，我们重复一次上面的操作，只是这次考虑这些数的十位数。比如，3、6、7 的十位数是 0，放在表 5.6.3 的 0 这一列里；12 的十位数是 1，放在表 5.6.3 的 1 这一列里。以此类推，直到所有的 20 个数全部放到表 5.6.3 里为止。第二步是完全一样的，就是把表 5.6.3 里的数按照自左至右、自上而下的顺序排成一行，如表 5.6.1 的第三行所示。这时，十位数也按照从小到大排好了（表 5.6.1 中的红色数字）。由于我们考虑的是两位数，个位数和十位数都排好序后，整个数列也就排好序了。

表 5.6.3　基于十位数的 10 个数字列表

0	1	2	3	4	5	6	7	8	9
03	12	23	35	40	51	61	71	80	95
06			37		53		71		
07			38		59		78		
09			39						

从上述排序过程可以看到，基数排序算法和计数排序算法的基本思想是一样的，都是利用列表本身的序号对列表里的数进行排序，从而省去了比较大小这一关键步骤。两者不同的是，计数排序算法要用一个非常长的列表把所有待排序的数全装进去，从而造成了大量的存储空间和计算资源的浪费。基数排序是个位、十位、百位……重复排序，用到了 0~9 这 10 个列表，大大节省了存储资源。比如上面的例子，我们要对 20 个 0~99 的数进行排序，若采用计数排序算法，我们需要一个长度为 100 的列表；而采用基数排序算法，我们需要 10 个长度为 10 的列表（在本节的例子中，实际上只用到 4），优势不明显。但是，如果我们考虑对 20 个 0~999 999 的数进行排序，计数排序算法需要一个长度为 100 万的列表，而基数排序算法依然只需要 10 个长度为 10 的列表，极大地节约了存储空间！

　　总结一下，计数排序算法适用于小数字排序，而基数排序算法则适用于大数字排序！

5.6.2　算法实现

　　代码的第一步也是产生随机数，这次我们产生 100 个 0~9999 的随机数放在列表 R100 里用于实验。这 100 个数的排序用 5.2 节至 5.4 节讲的 3 种比较排序算法很容易实现；但是，用 5.5 节讲的计数排序算法则不合适，因为要排序的数太大了。基数排序算法是按位排序的，数大就相当于多排几次，适用于这种数量多、数值大的数的排序。

　　产生了随机数以后，我们先对这些数的个位数进行排序，也就是把个位相同的数放到同一个列表里，因此，我们建立了 0~9 这 10 个列表来装个位相同的数。另外，我们还要一个列表——C100 来记录列表 0~9 里共装了几个数。这听起来有点像是……

　　装东西的桶！

因此，基数排序算法是桶排序算法的一种改进。列表 0～9 就表示 10 个装数字的桶。

做好这些桶以后，我们就得把数字装进去。首先，我们要用"运算"标签里的"＿除以＿的余数"这个积木块来计算个位数，代码就是"＿除以 10 的余数"，结果就是个位数（图 5.6.1，左边第一行代码）。然后，我们根据个位数的值，把待排序的数字装入相应的列表里，也就是"如果个位数是 0，那么就把数装入列表 0 里（图 5.6.1，左边第二、三行代码）。把数字装进列表后，还要同时更新列表计数器 C100 的对应项，也就是要记住每个桶里装了几个数。

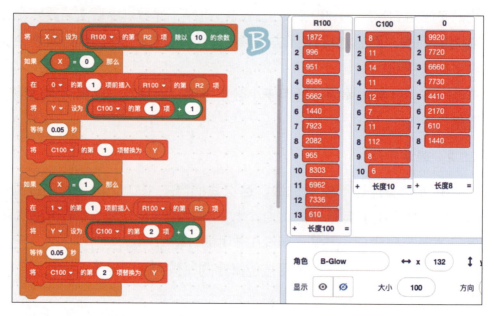

图 5.6.1　基于个位数把 100 个 1～9999 的数装入列表 0 至列表 9 里

这里出现了一行很奇怪的代码："等待 0.05 秒"（图 5.6.1，第五行代码）！

这是我发现的 Scratch 编程环境本身的一个缺陷！最初，我写好脚本以后，反复调试都有问题，但是，在逐步跟踪代码的过程中却没有发现问题。我百思不解，苦恼了很久。最后我才意识到这可能是编程环境本身的问题，加了延时代码，再一试，果然一切好了！但如果不加这一行代码（它的作用是让程序的运行慢下来），那么，计数器 C100 里累加的数就是错的！

　　大家要注意掌握这个编程技巧，随着代码复杂性的增加，要不断用到它！

　　再接下来，代码"如果个位数是 1，那么"（图 5.6.1，左边第 7 行代码）一直到"如果个位数是 9，那么"把所有待排序的数都按照其个位数装入相应的列表里。

　　所有的数都装进列表以后，按照从列表 0 至列表 9 的顺序把每个列表里面的数重新放回列表 R100 里。这个过程很简单，跟计数排序算法一样，根据列表在的序号对待排序的数字进行排列。不同的是，在计数排序算法中，每个序号最多有一个待排序的数字；而要基数排序算法中，每个列表里都有多个待排序的数字。代码中用两个控制变量——X、Y 来表示列表 R100 中的序号（X）和列表 0～列表 9 里数字的序号（Y）。因为这个原因，在代码中，X 只初始化了一次（图 5.6.2，第一行代码），而 Y 则对每个列表都要初始化。代码运行的结果如图 5.6.2 右边所示，R100 中个位数已经按顺序排列完成。

　　个位数排好序后，我们要对十位数进行排序。排序之前，我们要对列表 0 至列表 9 以及列表 C100 进行初始化，然后重复角色 B 的算法，把所有待排序的数按照其十位数的值分别装入列表 0～9 中。我们先学习 Scratch 的一个新积木——函数积木，它是绿色的"运算"标签的最后一块积木。展开"绝对值"，里面有许多常用的函数。我们用到的是"向下取整 ＿"，意思就是不管一个数的小数部分有多大，都直接丢掉小数。比如，"向下取整 0.3"的值是 0，"向下取整 1.9"的值是 1。我们把待排序的数除以 10，再丢掉小数，就直接把十位数变成了个位数（图 5.6.3，右边第三行）。比如，123/10＝12.3，"向下取整 12.3"的值是 12。把十位数变成个位数以后，其余的算法和前面是一样的。

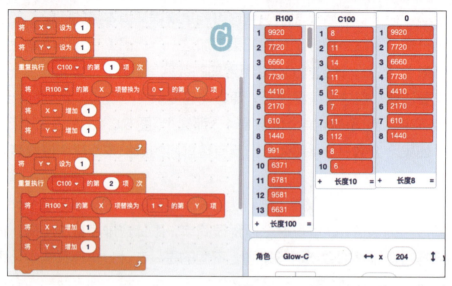

图 5.6.2　从列表 0 到列表 9 把里面的数自上而下地放回列表 R100 里

特别要注意的是，角色开始和结束时收发的信息不一样。所以，复用角色 B 的代码时要修改消息名称。代码运行的结果如图 5.6.4 左边所示，可以看到，列表 0 里面都是十位数为 0 的待排序数。

图 5.6.3　将待排序的数除以 10 取整（右）后，复用个位数排序的代码（左）

图 5.6.4　将待排序的数按十位数的值装入列表 0 至列表 9（左），并从列表 0 到
列表 9 按照顺序把其中的数放回列表 R100（右）

　　得到列表 0 至列表 9 和列表 C100 后，我们建立新角色 E，复用角色 C 的代码，同样要注意修改收发的消息。除此之外，还有一个特别重要的细节要注意：我们根据十位数排序时，个位数已经排序完毕，小的数在前面（序号小），大的数在后面（序号大）（图 5.6.4，左边的 R100）。但在构建列表 0 至列表 9 时，我们一直使用"在列表 0 的第 1 项前插入 ＿"这个代码，使得后进入的数字序号小，也就是大的数在前面（序号小），小的数在后面（序号大）（图 5.6.4，列表 0）。因此，在排序的时候，要遵循先进先出的原则，把列表 0 至列表 9 的数排到列表 R100 里。代码如图 5.6.5 所示，循环控制变量 Y 的初始值设为列表 0 里的项目数（图 5.6.5，第二行代码），循环内逐步减少 Y 的值（图 5.6.5，第六行代码），直到所有的数都被放回列表 R100 里。运行结果如图 5.6.4 右边所示，R100 中的数的个位数和十位数排序完毕。

　　接下来，我想大家都知道了，复用代码进行百位数和千位数的排序。程序

小博士学人工智能与编程

的流程图如图 5.6.6 所示。

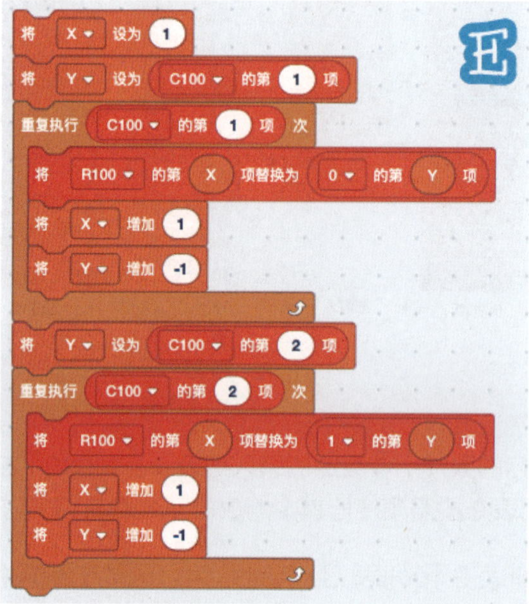

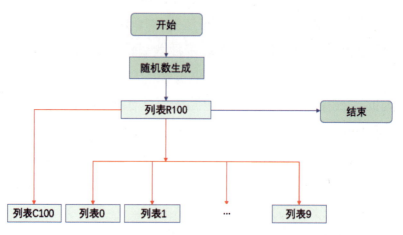

图 5.6.5　列表 0 至列表 9 按先进先出的原则排序

图 5.6.6　基数排序算法流程图

编程结束！代码的链接如下：

https://www.scratch-cn.cn/project?comid=5f5a40b730677a15b863de66

5.7　查找算法

数字排好序以后能做什么？

这是一个好问题。

之所以说排序算法很重要，有两个原因：一方面，排序算法是最重要的入门算法；另一方面，排序算法很有用，很多算法要么基于排好序的值进行下一步的工作，要么用到排序算法。

举一个最简单、最常用的例子——查找：已知一个列表，在表里查找某个数值。回忆一下我们前面学过的质数算法，在该算法中，我们要输入任意一个数，并判断该数是质数还是合数。在代码中，我们先得到了排好序的质数列表，然后用橙色"变量"标签里的"__包含__"积木块来实现查找，以判断列表中是否包含某个数值（图 4.9.4，第四行代码）。

现在我们把质数排序和查找分成两个模块：首先，用筛子法建立质数列表，该列表已经排好序；其次，输入整数，判断该数是否为质数。判断方法就是检查质数列表里是否包含输入的整数，以前是用"__包含__"积木块来实现的，这部分的代码如图 5.7.1 所示。最后加了两行代码，按任意键退出输入整数的循环，结束程序。注意啊，按任意键是要一直按着。

现在我们学习如何利用一个排好序的列表查找一个数。

最简单的方法是回到我们以前的比较法，把输入的数和列表里的数一一比较。如果有相等的数，那就是列表里包含这个数；如果没有相等的数，那就是列表里不包含这个数。当然，这是最差的算法，也没有用到排序结果。

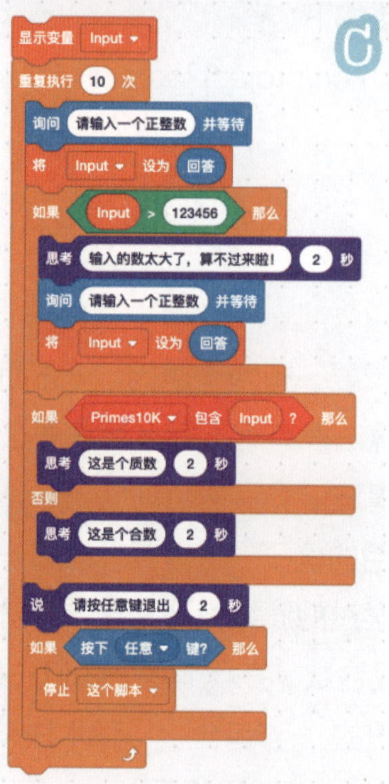

图 5.7.1 输入整数并判断该数是否为质数的代码

5.7.1 算法思想

本节介绍一种常用的查找算法——二分查找算法，它是一种利用排序信息进行查找的快速算法。输入一个数以后，我们先把输入的数在列表中的中值（就是列表中间位置的那个值）进行比较。如果输入的数大于中值，那就跟列表右边一半的中值进行比较；如果输入的数小于中值，就跟列表左边一半的中值进行比较。一直这样继续下去，直到找到这个数或者列表为空为止。二分查找算法的流程图比较简单（图 5.7.2），就是沿着一个分支一直搜索下去，每次减少一半，一直搜索到列表为空或者找到为止。

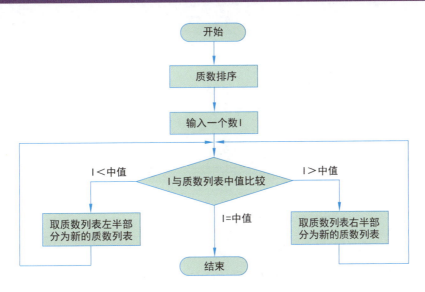

图 5.7.2　二分查找算法流程图

5.7.2　算法实现

根据图 5.7.2 所示的算法流程图，我们要不断记录下一步要在列表的哪一半继续查找。具体在代码实现时，我们用 X、Y、Z 这 3 个变量记录待查找的位置。假设我们有一个排好序的质数列表，长度为 123，其中第一项的值为 2（$P_1=2$），第 123 项的值为 677（$P_{123}=677$），现在要在列表里查询 197 是否为质数。实际上，我们知道 197 是质数，是列表的第 45 项，即 $P_{45}=197$。具体查询方法如下（图 5.7.3）：

（1）设 $X=1$，$Z=123$，$Y=(X+Z)/2$，比较结果 $197<P_{62}$（第一行）。

（2）令 $Z=Y$，计算 $Y=(X+Z)/2$，比较结果 $197>P_{32}$（第二行）。

（3）令 $X=Y$，计算 $Y=(X+Z)/2$，比较结果 $197<P_{47}$（第三行）。

（4）令 $Z=Y$，计算 $Y=(X+Z)/2$，比较结果 $197>P_{40}$（第四行）。

……

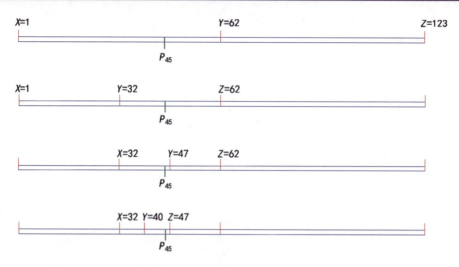

图 5.7.3　二分查找算法示例（$P_1=2$，$P_{123}=677$，$P_{45}=197$）

这个方法的核心是通过比较来移动 X 或 Z，从而把待比较的序列缩短一半，效率很高！实现的代码非常简单，先是初始化 X 和 Z，然后计算 $Y=(X+Z)/2$。接着是两个比较：一是看输入的 Input 是否刚好等于 P_Y（Input$=P_Y$？）；如果不是，那就继续比较判断（Input$>P_Y$？），并根据结果移动 X 或 Z（图 5.7.4）。为了避免代码复杂，等到待比较的列表长度小于 10（$Z-X<10$）时，就不再用二分查找，而是逐项比较了。

在这一段代码中，我们把二分查找算法当作一个独立的函数，从另一个角色（角色 C）接收消息；计算完成后，发送消息给角色 C，继续下一个数的查询。如果以后有别的程序要用到二分查找算法，那么只要引用这一对进出的消息，就可以使用该函数的代码了。这是一种很重要的编程方法，大家要学会哦！

好了，代码在这里：

https://www.scratch-cn.cn/project?comid=5f5a417c364d560abc0b578b

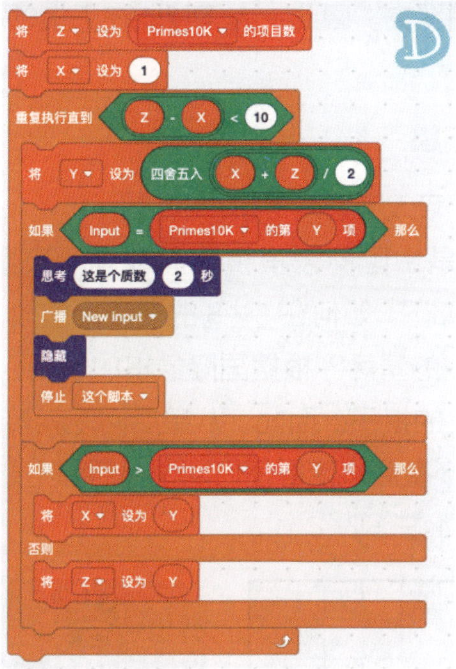

图 5.7.4　二分查找算法代码

5.8　回溯搜索算法

我们在本单元一开始的时候就说过，人工智能无法通过图灵测试，因为它既没有身体也没有生活经验，无法回答生理感觉和生活问题。但是，现在人工智能很火啊，这是为什么？

当然，这也是个好问题！

大家想想，人工智能的标志性事件是什么？

AlphaGo（阿尔法狗）！ 2016 年 3 月，谷歌公司的 AlphaGo 战胜围棋世界冠军李世石，从而在世界范围内引爆了人工智能热潮。实际上，将近 20 年前的 1997 年 5 月，IBM 公司的 DeepBlue（深蓝）就战胜了当时的国际象棋世界冠军加里·卡斯帕罗夫。因此，人工智能在下棋领域具有极大的优势，人类根本不是对手！

5.8.1 人工智能下棋

我们现在就开始学习人工智能下棋！

八皇后问题最早是由国际象棋棋手马克斯·贝瑟尔（Max Bezzel）于1848年提出的。问题如下：如何在8×8的棋盘上摆放8个皇后，使得任何一个皇后都无法攻击其他的皇后？根据国际象棋的规则，皇后可以攻击同一行、同一列、同一对角线上的棋子。因此，八皇后问题就转化为以下问题：如何在8×8的棋盘上摆放8个皇后，使得任何两个皇后都不能处于同一行、同一列、同一对角线上（图5.8.1左）？

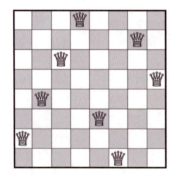

图5.8.1　八皇后问题和四皇后问题

八皇后问题可以推广为更一般的 n 皇后问题：如何在 $n×n$ 的棋盘上摆放 n 个皇后，使得任何一个皇后都无法攻击其他的皇后？这个问题在 $n≥4$ 时有解，而且在 $n=4$ 和 $n=6$ 时有唯一解（图5.8.1右），在 $n=5$ 时有两个解，在 $n=7$ 时有6个解，在 $n=8$ 时有12个解。八皇后问题的答案是：共有12种摆法，使得8个皇后不能相互攻击。

八皇后问题是通过搜索求解的，而搜索是人工智能领域最重要的基础！

5.8.2　四皇后搜索

跟质数求解算法一样，我们先简化一下问题，从四皇后问题开始，看 4 个皇后是如何摆放的（图 5.8.2）：

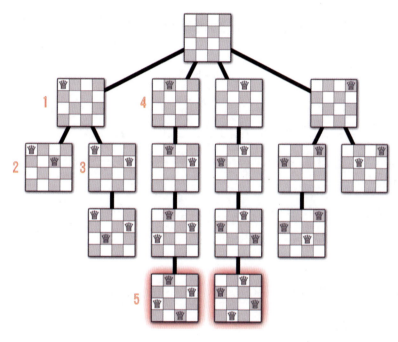

图 5.8.2　四皇后问题的搜索树

（1）我们从 4×4 的空棋盘开始，第一行有 4 个位置可以放皇后，我们不妨就把皇后摆放在第一行第一列（图 5.8.2 中的 1）。

（2）继续往棋盘上摆放皇后。这时，第二行第三列符合条件：任何两个皇后都不能处于同一行、同一列、同一对角线上（图 5.8.2 中的 2）。

（3）继续往棋盘上摆放皇后。这时，第三行上没有位置符合条件，搜索失败（图 5.8.2 中的 3）。

（4）回溯到第二行，第四列符合条件（图 5.8.2 中的 3）。

（5）继续往棋盘上摆放皇后。这时，棋盘的第三行有符合条件的位置，但第四行上没有符合条件的位置，搜索失败。

（6）回溯到棋盘的第一行，从初始状态（空棋盘）重新开始。在第一行第二列上摆放皇后（图 5.8.2 中的 4）。

（7）继续往棋盘上放皇后，直到棋盘的第四行，搜索成功（图 5.8.2 中的 5）。

（8）回溯到棋盘的第一行，从初始状态（空棋盘）重新开始。在第一行第三列上摆放皇后，搜索成功。

（9）回溯到棋盘的第一行，从初始状态（空棋盘）重新开始。在第一行第四列上摆放皇后，搜索失败。

（10）搜索结束。

搜索结束后，我们找到两个解（图 5.8.2 中红色阴影包围的两种摆法）。但是，我们发现这两个解是镜面对称的，实际上是一个解。因此，四皇后问题有唯一解。

图片来源：https://zhenghe.gitbook.io/open-courses/mit-6.006/backtracking

5.8.3 交互搜索

根据上面的回溯搜索算法，我们写一个四皇后智能交互程序，用户可以在 4×4 的棋盘上任意摆放一个皇后，程序搜索以后返回结果：摆放好的 4 个皇后，或者无解。

如图 5.8.3 所示，任意摆放一个皇后以后，根据规则，皇后所在的同一行、同一列、同一对角线上都不能再放皇后了（图 5.8.3，所有红线、黄线穿过的格子），且其相邻行中只有一个（图 5.8.3 左）或两个（图 5.8.3 右）能摆放皇后的位置。

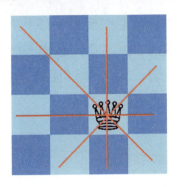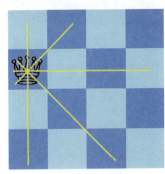

图 5.8.3　任意摆放一个皇后

第一步，我们输入 11～44 的一个两位数，十位数表示行（Y），个位数表示列（X）。比如，对于图 5.8.3 的左图，输入 33，表示在第三行第三列摆一个皇后；对于图 5.8.3 的右图，输入 21，表示在第二行第一列摆放一个皇后。

第二步，有了皇后的位置，我们要把皇后正确地摆放到棋盘的相应位置上。我画了棋盘，并且建了 4 个皇后角色，每个角色有两个造型，分别对应于深色和浅色的棋盘格。因此，我们需要 3 个列表来表示棋盘格的位置（XPos、YPos）和颜色（ZPos，深色为 1，浅色为 0）。这样，输入皇后的位置后，在这 3 个列表里查找到棋盘格的坐标和颜色，就可以把皇后放上去了。

第三步，我们建立两个长度为 16 的列表（NN1、NN2），表里的一项代表 4×4 棋盘的一个位置。如果值是 0，表示该位置可以放皇后；如果值是 1，则表示该位置不可以放皇后。另外，如上所述，放置一个皇后以后，其相邻行中只有一个（图 5.8.3 左）或两个（图 5.8.3 右）能摆放皇后的位置。因此，我们的搜索就从相邻行开始，两个列表表示最多有两个可能的起始位置。

第四步，我们摆放一个皇后以后，就要把列表 NN1、NN2 的相应位置的数值从 0 改为 1。行和列在代码中都很容易实现。但是，对角线如何计算我想了很久，各种方法都比较麻烦，代码很长。最后我终于想到一个办法：对角线的最大长度为3，我就向4个方向（左上、右上、左下、右下）各走3步。如果走到合法的位置，就把该位置的值改为1；否则就什么也不做。这样的代码非常简单，比如图5.8.4左为向右下走3步。角色Ben里有两段一样的代码，就是对列表NN1和NN2分别进行初始化的代码。

图5.8.4　摆放一个皇后以后，设置棋盘格的状态和设置搜索顺序

第五步，初始化需要搜索的行和搜索顺序。摆放好一个皇后，我们从相邻行开始搜索，因此，我们需要设定搜索的行号和搜索顺序，如图5.8.4右所示，这个行号记录在列表Yback里，即Yback的第一项里记录的行号用于第一次搜索。在图5.8.4右的例子中，Yback里的3项分别是2、4、1，也就是皇后在第3行，我们设置的搜索顺序是第2行、第4行、第1行。从这个例子也可以看到，搜索并非按照行号顺序进行，而是根据我们自己的理解，对皇后的相邻行优先进行搜索。

第六步，初始化完成以后，我们在设定的行里面搜索，实际上就是在列表NN1的相应位置找0，并记录0的位置（列表Xback）和数量（变量Z）（图5.8.5左）。如果待搜索的行里没有0，那就是没有位置摆放皇后了，告知用户搜索结束，基于该皇后的初始位置没有四皇后问题的解。如果待搜索的行里有一个或者两个 0，那么就发送消息，通知角色 Queen2 在 0 的位置摆放皇后。同时，角色 Cassy 通知角色 Ben 根据同样的规则调整列表 NN1（图 5.8.5 右）。实际上，这里的 $Z=0$ 判断是为了防止程序出现意外而设置的，因为在第一次搜索中肯定会搜到一个或者两个 0。

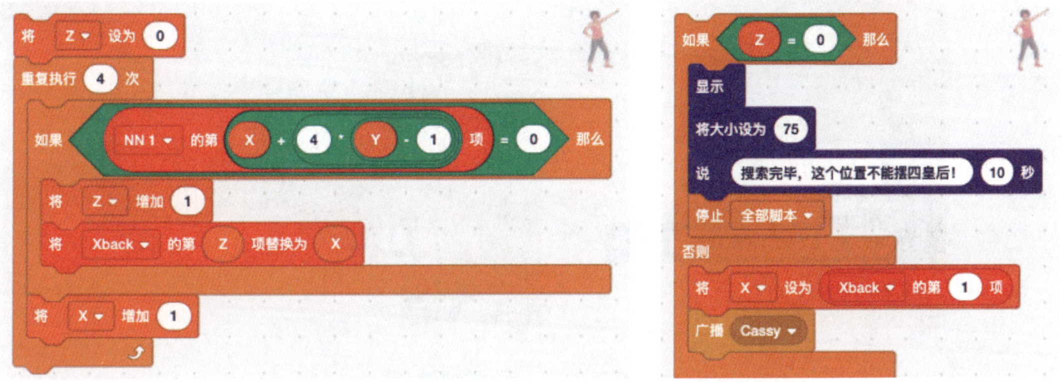

图 5.8.5　在行内搜索 0 并记录搜索到的 0 的位置和个数

　　第一种情况是只搜索到一个 0。这种情况比较简单，根据 Yback 记录的行号按照顺序往下搜索。如果能够顺利地搜索到 4 个皇后，那就成功得到四皇后问题的解；如果中间有一行没有 0，那就表示对于输入的第一个皇后，没有四皇后问题的解。

　　第二种情况是搜索到两个 0。首先是在第一个 0 的位置上摆放皇后，跟第一种情况一样一行一行地往下搜索，如果搜索到四皇后问题的解，那就结束；如果中途有一行没有 0，不能摆放皇后了，那就需要回溯，回到第二个 0 那里从头开始，也就是从列表 Xback 里读取第二个 0 的位置，摆放皇后，然后从 Yback 里读取第一个搜索行的行号，同时，把 Z 减 1（图 5.8.6 左）。

　　由于列表 NN1 在搜索过程中已经变化，因此，重新开始搜索时，需要从列表 NN2 里读取原来保存的信息（图 5.8.6 右）。这样，算法就从头开始搜索皇后的位置了。最后，搜索到的 4 个皇后如图 5.8.7 所示。

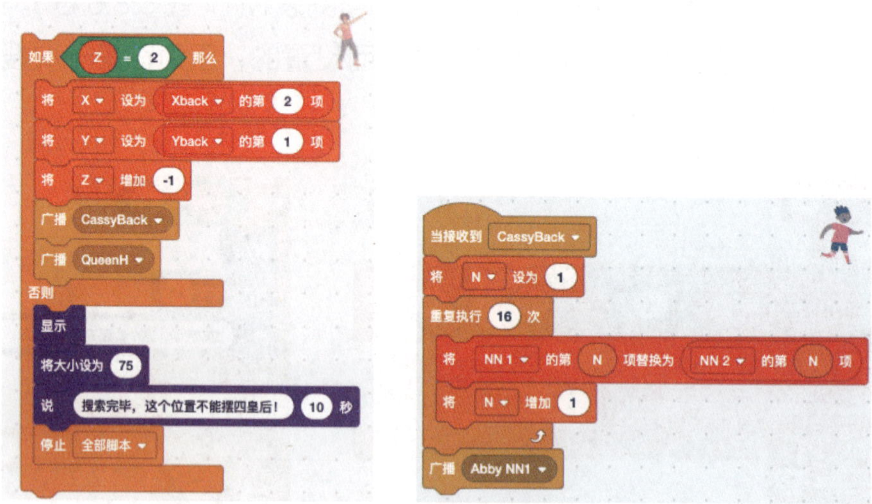

图 5.8.6　回溯方法

图 5.8.7　四皇后问题的解

这就是回溯搜索算法。代码的链接如下：

https://www.scratch-cn.cn/project?comid=5f5a425330677a15b863de78

5.9 八皇后问题求解

在四皇后回溯搜索算法中,我们采用了前面的排序算法的思想,就是先建立一个列表,然后在列表的相应位置搜索。传统的暴力搜索如图 5.8.3 所示,每新加入一个皇后,都要在 8 个方向上在棋盘内搜索有没有其他的皇后。基于列表的搜索实际上是把全局暴力搜索转换成了局部的快速搜索,大大地缩小了搜索范围,加快了搜索速度,节约了搜索所需的计算资源。

这个方法在八皇后及 N 皇后的搜索里就显得很重要,因为八皇后问题需要经过多轮反复回溯,而且棋盘也从 4×4 扩大成了 8×8,全局暴力搜索会耗费很多计算资源。而且,随着棋盘的扩大,N 皇后的暴力搜索需要在平面内进行全局搜索,其计算量按 N 的二次方增加,而我们的算法是在一行内搜索,计算量是随 N 线性增加的,具有很大的优势。从这个方法可以看出不但要有正确的算法,而且要找出更好、更快、更智能的算法!

5.9.1 算法分析

我们先讨论如何建立列表。当然,第一步是初始化一个长度为 64 的列表 NN1,全部填充 0。换言之,0 所在的位置是可以放皇后的位置。

假设用户输入 33,程序在第三行第三列放置一个皇后(图 5.9.1 左,左上角的坐标为 11,右下角的坐标为 88,列号为 X,行号为 Y)。根据规则,皇后所在的行、列、对角线均不能再放皇后了,我们把这些位置记为 9,也就是在列表的相应位置把值从 0 改为 9(图 5.9.1 右)。

现在,我们从第八行开始搜索,第一个位置就是 0,我们放入一个皇后,并且根据规则,把不可继续放皇后的位置标注为 8,也就是把列表里相应位置的数值从 0 替换为 8(图 5.9.2 左)。由于我们按照行号依次往下搜索,因此,

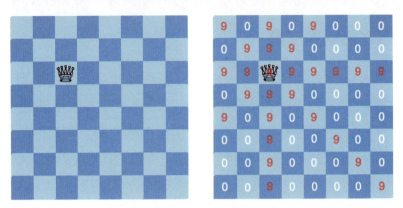

图 5.9.1　八皇后搜索问题列表 1

和人摆放的皇后不同，我们只标注比当前行更小的行，也就是标注第七行、第六行……直至第一行（图 5.9.2 左）。接着，我们在第七行、第六行……直至第一行继续搜索 0，放入皇后，修改列表（图 5.9.2 右）。

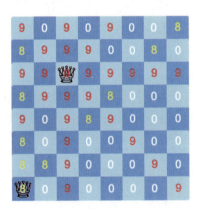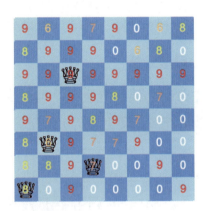

图 5.9.2　八皇后搜索问题列表 2

从这个列表中我们发现，值为 0 的位置迅速减少，也就是搜索的列表迅速缩短，搜索非常快！实际上，在第五行放上第五个皇后，其上一行（第四行）已经全部没有 0 了！也就是没有位置摆放皇后了（图 5.9.3 左）。

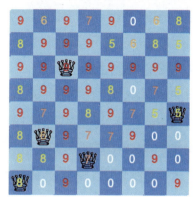

图 5.9.3　八皇后搜索问题列表 3

我们回溯到第五行，注意到第五行还有一个 0，因此，我们把第五个皇后移动到新的位置，并把原来第四行以下的 5 全部改为 0，再在移动皇后以后，根据规则和新皇后的位置，把第四行及以下相应位置上的 0 替换为 5（图 5.9.3右）。这时，我们发现，第四行出现了一个 0，可以摆放新的皇后了！

5.9.2　算法实现

对于代码，我们还是采用通过收发信息将各种模块串起来的方法。首先，初始化列表 NN1 中的各项全为 0，然后读入用户输入的皇后位置到变量 Xin、Yin，其中输入的十位数读入 Yin，个位数读入 Xin。接下来就是构建如图 5.9.1右所示的列表，用 9 取代 0，表示这些位置已经不可摆放皇后了！这一部分的代码和四皇后的一样，只不过是将行、列的循环数值从 4 变成了 8，将对角线的循环数值从 3 换成了 7。

在四皇后的代码里，除了 NN1，我们还构建了 NN2，但在八皇后的代码里不行了，因为有很多次回溯搜索，不能再用这个老办法了。另外，在四皇后的代码里，我们还设置了 XPos、YPos、ZPos 来记录位置，而在八皇后的代码里直接计算位置和颜色，不用这些列表了。YBack 也不再需要了，我们这里不再根据用户输入的行号开始搜索，而是采用根据行号从大到小（从 8 到 1）搜索，遇到用户输入的行号就跳过去。这样简化使得我们能够把注意力集中到如何回溯这一核心问题上来。

接收用户的输入并调整好列表 NN1 以后，我们就开始在行号最大的一行（第 8 行）开始搜索 0，返回搜到的第一个 0 的位置 X，并将列表 NN1 里该位置的值替换为行号 Y（图 5.9.4 左），再通过广播消息 Cassy 通知对应的皇后角色放置皇后，通知 Ben 角色计算和调整列表 NN1。

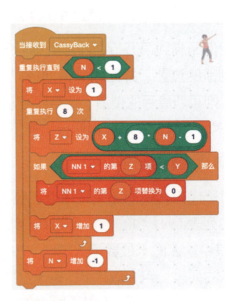

图 5.9.4　在一行里搜索 0 并返回搜索到的 X 值

这里特别关键！我们在基于用户输入的皇后的位置调整列表时，计算了所有方向的位置，并调整了数值（图 5.9.1）。但是，根据搜索的原则，我们是按照行号从大到小搜索的，所以，我们只需要考虑改变比当前行号小的那些行号。也就是只考虑改变当前位置的上方（图 5.9.5 中的 1）、左上对角（图 5.9.5 中的 2)、右上对角（图 5.9.5 中的 3 ）等位置的值。如图 5.9.2 左所示，皇后所在的行不做任何改变，只改变皇后本身所在位置的值。

```
当接收到 Abby NN2 ▾
将 N ▾ 设为 ( Y - 1 )
1 重复执行 Y 次
    将 Z ▾ 设为 ( X + 8 · N )
    如果 ( NN1 ▾ 的第 Z 项 = 0 ) 那么
        将 NN1 ▾ 的第 Z 项替换为 Y
    将 N ▾ 增加 -1
2 将 N ▾ 设为 1
  重复执行 7 次
    如果 ( ( X - N > 0 ) 与 ( Y - N > 0 ) ) 那么
        将 Z ▾ 设为 ( ( X - N ) + 8 · ( Y - N ) - 1 )
        如果 ( NN1 ▾ 的第 Z 项 = 0 ) 那么
            将 NN1 ▾ 的第 Z 项替换为 Y
    将 N ▾ 增加 1
3 将 N ▾ 设为 1
  重复执行 7 次
    如果 ( ( X + N < 9 ) 与 ( Y - N > 0 ) ) 那么
        将 Z ▾ 设为 ( ( X + N ) + 8 · ( Y - N ) - 1 )
        如果 ( NN1 ▾ 的第 Z 项 = 0 ) 那么
            将 NN1 ▾ 的第 Z 项替换为 Y
    将 N ▾ 增加 1
```

图 5.9.5　根据摆放的皇后的位置（ X , Y ）在 3 个方向调整列表

强调一下，算法的这一点特别重要，皇后右边的 0 使得回溯非常方便。回溯时，只要看皇后右边是否还有 0 即可。如果有，就移动皇后到新的位置；如果没有，就继续向下一行回溯。

回溯时需要做两件事：一是增加 Y 的值，使得程序回溯到前面继续搜索。跟前面的搜索一样，改变 Y 值后，我们要检查改变后的第 Y 行是否是用户输入的行，如果是，那就继续回溯一行。二是在确定了回溯的行以后，就要发送消息 CassyBack，调用算法将对应于原皇后的各行的占位都清零（图 5.9.4 右）。

5.9.3　算法流程

尽管上述搜索皇后位置和构建列表这两个核心算法对于任意一行都是一样的，但是每一行所对应的皇后角色（Queen2，Queen3，…，Queen8）是不一样的。在实际代码中，我们建立了 7 套消息收发机制来对应这 7 个角色（图 5.9.6）。搜索的结果有两种情况：可能是找到新皇后的位置，也可能是该行已经没有位置了，可以很简单地用变量 X 的值来判断（图 5.9.6 中的 1）。如果找到位置，那么 X 的值是 1~8；如果没有找到，X 值应该是 9。基于这个判断，算法决定继续搜索（广播消息 Cassy，Cassy2，Cassy3，…，图 5.9.6 中的 2），或者回溯搜索（广播消息 QueenH，Queen2H，Queen3H，… 和 CassyBack，图 5.9.6 中的 3）。

根据上述基于列表的搜索思想及实现的代码，可以画出流程图（图 5.9.7）。在流程图中可以看到搜索过程中基于当前搜索结果的两个分支：继续搜索和回溯搜索。如果继续搜索到了最后一行，且成功地放下皇后，那就是八皇后搜索成功（图 5.9.6 中的 5）；如果一直回溯搜索到第一行，没有可以继续回溯的位置了，那就是八皇后搜索失败（图 5.9.6 中的 4），对于用户输入的位置没有八

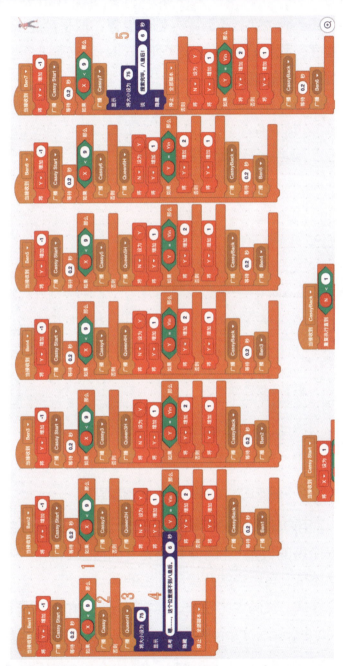

图 5.9.6　建立 7 套消息传递机制以实现各角色之间的协调

皇后问题的解。我试了很多次，不管输入哪个位置，似乎都能搜到八皇后问题的解。为了调试程序，我只好直接修改了列表 NN1，在第 8 行多放了一些 9，这才出现八皇后问题无解的情况。

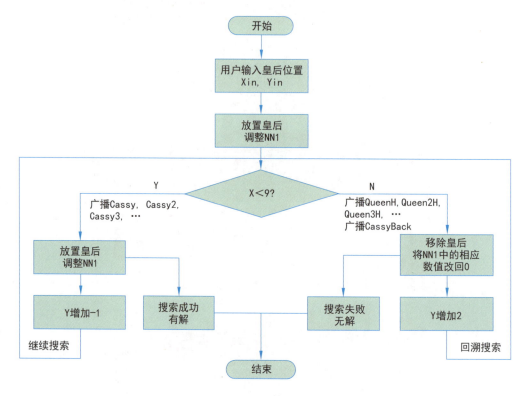

图 5.9.7　八皇后回溯搜索流程图

图 5.9.8 显示了用户输入 33 的两个解，其中第二个解是我在列表 NN1 初始化以后就把第一个解的位置 84 的值 0 改为 9 而搜索到的。不过，我没有继续改，不知道后面还有没有更多的八皇后问题的解。

这个算法有点复杂，代码也比较长，需要好好学习哦！代码链接如下：
https://www.scratch-cn.cn/project?comid=5f5a4317364d560abc0b5790

图 5.9.8　根据用户输入的皇后的位置（3，3）搜索到的两个解

5.10　单元小结

高深的人工智能理论实际上是通过算法来实现的。我们把具有某种智能特性的算法称为智能算法，比如第 4 单元的质数列表算法和本单元的排序算法、搜索算法、回溯算法等，都是智能算法的例子。运行这些算法的计算机具有某种程度的智能，比如可以回答某个数是质数还是合数这样的智能问题，也能和人下棋，解决八皇后的摆放这样的智能问题，而且比我们快、比我们好，完全是一个会下棋的智能体。通过这些智能算法的例子，我们知道，打败围棋世界冠军的其实也就是这样的算法，只不过更复杂，需要更多的算力而已！

对于同样的智能问题，可能存在解得又快又好的算法。但是这个又快又好是相对的，是相对于数据而言的。我们在学习排序算法时，对照着讲了两种排序算法：计数排序算法和基数排序算法。我们特别强调了这两种算法的应用场景：在数值小、数量多的排序任务中，计数排序算法节省存储资源，速度快；反之，对于数值大、数量也大的任务，则是基数排序算法节省资源，速度快；而当待排序的数较少的时候，直接排序算法（包括冒泡排序、选择排序、插队排序等算法）也都是可靠而简单的算法。因此，智能算法的优劣是相对的，是相对于数据而言的。机器学习则更是如此，算法或模型是基于某个数据集训练出来的，是相对于该数据集最优的算法。将其应用到别的数据集或者任务则不一定是好的算法。

一般来说，智能算法都有其适用的前提条件，其扩展能力是有限的。换言之，并不存在适用于所有条件或者数据的通用算法，也就是说，一般意义上的通用人工智能是难以实现的。

图灵测试只有理论意义，因为智能体并非万能的，并不能回答所有问题，也就无法通过真正的图灵测试。但是在下棋方面，即使是简单的八皇后问题，智能体也比人类厉害得多！

学完本单元，我们对人工智能的本质有了基本的认识，人工智能是通过算法来实现的，而算法是人设计并编程实现的，因此，顾名思义，人工智能最重要的部分是"人工"，体现了人的智能。

本单元学习的算法从最简单的排序起步，有冒泡排序算法、选择排序算法、插队排序算法。这3种算法的共同特点都是大小两个循环，外加逐个比大小。其思想很朴素：既然要排序，那就要比大小。

突破比大小这个框架的是计数排序算法和基数排序算法，其思路是利用列表原有的序号排序。也就是说，一个列表里所有的数都是有序号的。计数排序算法把数的大小和列表的序号一一对应，其结果是原来的数全部放入列表后就具有了列表的序号。这里没有比较，所以也没有两个执行比较的循环，替换成了放入列表的循环和取出列表的循环，快了很多。尽管如此，这个算法的速度实际上是以计算机的存储空间为代价换来的。这种交换是否合适取决于待排序数的数量和数值大小。因此，计数排序算法的优点就体现在数量多、数值小的排序中。

基数排序算法是对计数排序算法中的存储空间消耗大的缺点的改进，它把计数排序的一次性计数改成了按位计数排序，存储空间大大节省了，但相应的算力消耗增加了。排序时要对每一位计数排序一次，如果是十位数，那就是 10 次计数排序，算力的消耗大大增加了。通过分析这些例子我们可以看到，并没有十全十美的算法。

　　我们所举的搜索例子说明，排序对于搜索而言，其重要性是显而易见的。排好序以后，每次检索都缩短一半的列表，十分快捷方便。

　　下棋是人工智能的典型应用，我们选了经典的八皇后问题来求解。我们从八皇后问题的简化版——四皇后问题入手，采用了全列表的方法来建立回溯搜索。这种思想其实就来源于计数排序算法，也就是用存储空间来交换算力。比如，我们用 XPos、YPos、ZPos 三个列表来记录棋盘上每个位置的坐标和颜色，摆放皇后时，只需要从表里读取坐标而无须计算。当然，我们也可以反过来，不用这三个列表，在每次摆放皇后时，根据公式计算得到皇后的坐标和棋盘格颜色。实际上，在八皇后问题里就是这么直接计算的。在四皇后问题里，我们通过设置搜索顺序使得最多只需要一次回溯就能得到搜索结果，因此，搜索顺序也是在设计算法时需要综合考虑的一个重要参数。

　　在八皇后搜索里，我们采用了交互来模拟人机下棋的过程，也依然采用了基于列表的搜索来加快搜索计算，就是我们上面所讲的以存储空间交换算力的方法，这样就避免了每放一个皇后都必须全局搜索的大量计算。整个程序通过一套消息机制联系在一起，反复地向前搜索和向后回溯构成了整个搜索过程，简单而快速。

　　在八皇后搜索里，我还提供了画棋盘的代码。还有五皇后、六皇后、七皇后以及 N 皇后问题等待大家求解。

　　继续写吧，人工智能就是这样在一行又一行的代码中实现的！

跋

这本书从女儿上清华附小四年级开始，断断续续写了五年。

清华附小四年级开设了编程课，女儿跟我说的时候，我只当是个趣事，完全没有在意。后来在接女儿时发现，学校还真有编程比赛，学校的大屏幕上也展示了小朋友们的编程作品。想一想，真是时代变了！我自己上大一时有编程课，但根本没见过计算机。整个编程课都是"纸上谈兵"，没写过真正的程序，更没上过机！

刚开始时，女儿说，编程课 4 个同学一组，她负责编程。我很好奇，小学生怎么学编程？我记得自己当年是把编程课当成数学课来学的，类似于集合论，是一些规则的集合，只是简单一些，且做题的方法不同。可是，怎么跟小学生讲集合论，解析一大堆规则？

我跟女儿学了以后才知道，原来有 Scratch 这样的神奇编程工具啊！于是，我就和女儿一起把 Scratch 编程的过程记录下来，教、学编程的同时也可以和别的小朋友交流。当时，女儿最喜欢的书叫《小屁孩日记》，所以，刚开始写的时候，叫《Scratch 编程日记》，也分享给了许多一起学编程的小朋友。

我们本想着这是大好事一件，从此所有小朋友都会编程了。

但是，没有老师的辅导，靠小朋友自己看"编程日记"学编程？

那当然……效果是零！

就这样，"编程日记"写得断断续续，直到女儿小学毕业。

女儿进入清华附中后也参加了编程班，但面临着繁重的学业和编程之间的平衡问题。根据教育部的新课标，高中还要学智能基础、算法实践。说来容易做来难，不会编程又何来算法实践？！

初中的数学课中有关于有理数、质数、合数的内容，我想写一段小程序辅助数学课程的学习。我上了 Scratch 网站才发现，几年不见，Scratch 编程工具已经从 2.0 进化成了 3.0，但我在网站上没有搜到好的质数算法。

那就自己动手吧！于是就写了筛子质数算法。

写完算法后发现，这么简单的一个编程工具居然也能写算法！

对于学业繁重、时间极度紧张的中学生来说，通过极简的编程工具来写算法，是通向人工智能学习的大道啊！

于是，我重新编写了《Scratch 编程日记》，从零开始讲解编程，逐步引入人机交互、智能算法等人工智能的核心内容，编程实现了所有的算法，并提供了全套的源代码。使得中学生能够跨越编程，深入交互、智能和算法，并动手实践。

这就是本书的由来。编程和算法两全其美，何乐而不为？

21 世纪面临着巨变，而智能理论和技术正是巨变的核心，甚至就是巨变本身！我希望大家能够在中学阶段就自强不息、立志创新，通过学习和实践，掌握编程技术、智能基础、智能算法，实现从编程到智能算法的飞跃，做好充分的准备，迎接巨变的挑战！

陶霖密

于清华园

2021 年 3 月